KB179935

이게, 행복이 아니면 무엇이지

이게 행복이 아니면 무엇이지

기쁨의 감각을
천천히 회복하는
다정한 주문

김혜령 지음

whale books

재료가 좀 모자라도,
'살맛'을 요리할 수 있다

얼마 전 김치찌개를 끓이다가 문득 든 생각이다. 10여 년 전 자취생으로 처음 요리를 할 때만 해도 레시피에 나오는 모든 재료를 갖추는 것이 내겐 중요했다. 양파 하나만 없어도, 굳이 또 사러 나갔다 오곤 했다. 그래서인지 요리가 참 번거롭게 느껴졌다. 하지만 이제는 있으면 있는 대로 없으면 없는 대로 음식을 만들게 되었다. 맛이 좀 덜하더라도 끼니를 채울 정도면 그만이다. 작품을 만들어내는 게 아니니까.

일상을 살아가는 일도 이와 마찬가지다. 하루를 보내는 데 거창하고 완벽한 준비가 필요하지는 않다. '이 정도면 살 만

하네'라는 마음이면 충분하다. 마음이 툭하면 부서졌던 학창 시절에는, 내 삶에 양파 하나가 없는 것을 엄청난 비극으로 생각했다. 내 약점이나 결핍, 불안한 조건을 어마어마한 장애물로 여겼다. 시련에 걸려 넘어질 때마다 무릎을 털고 일어나기보다는 부족한 여건들이 내 삶을 괴롭게 만든다고 합리화했다. 그래서 나를 성가시게 하는 모든 것을 미워했다.

하지만 천천히 하루씩 살자고, 그 하루가 전부일지도 모른다고 생각하니 그럴 필요가 없었다. 결핍은 영원히 채워지지 않을 수도 있고, 어떤 조건은 삐걱거리는 채로 계속 끌고 가야 할 수도 있다. 재료의 부재나 결핍을 문제 삼고 주저앉아 있을 수만은 없는 노릇이다. 남에게 기대는 것도 한계가 있다. 없으면 없는 대로, 부실하면 부실한 대로, 제 자신을 짊어지고 '살맛'을 내며 나아갈 수밖에 없다.

이 살맛이라는 게 행복과 연결되지 않나 생각해본다. 한때는 행복에 대해 생각하는 것이 사치스럽다고 여겼다. 내게 행복은, 안정되고 여유 있는 사람들이나 생각할 수 있는 호화로운 궁궐 같은 것이었다. 극복해야 할 과제나 어려움이 생길 때마다 행복은 아예 먼 얘기로 던져두었다. 문득 알 수 없는 기쁨이 차오르면 '설마 이게 행복인가?' 의심했다. 별거 아닌 일에 마음이 충만하게 채워질 때 '혹시 이게 행복이란 말인가? 아니면 내가 행복한 척하려는 건가?' 혼란스러웠다. 행복을 믿지 못하고 누리지 못했다. 운 좋게도, 그 당시 심리 상담을 해주시던 선생님께서 '혜령 씨는 행복이 자신에게 과분하다고 생각하는 것 같다'고 지적해주셨다. 그 말은 나를 깨어나게 하는 작은 계기가 되었다. 나 자신을 무엇으로 생각했기에, 행복을 얼마나 대단한 것으로 생각했기에 행복이 내게는 과분하다고 여겼던 걸까.

어둠을 모르는 사람이 밝음을 구분해낼 수 없듯이, 기쁨을 알기 위해서는 기쁨이 아닌 것을 알아야 한다. 그렇기에 내 안에 일어나는 모든 감정이 소중하다. 마찬가지로 행복한 삶을 살기 위해서는 행복이 아닌 것들에 대한 이해가 필요하다. 그러면 장애물에 막혀 있을 때조차 '이 정도면 살 만하다'는 마음을 잃지 않을 수 있다. 완벽한 재료와 화려한 도구를 두고도 삶을 비관하는 사람이 너무나 많은 것처럼, 반대로 많은 것이 삐걱거릴 때조차 행복해질 수 있다. 그저 하루를 살아낼 정도의 살맛이면 된다.

종종 우리는 주위 사람들에게 인사를 보낸다. '오늘 하루 기쁘게 보내' '행복한 하루 보내.' 이게 그저 뻔한 인사치례일까? 우리는 왜 습관처럼 다른 사람의 기쁨과 행복을 빌어줄까? 그건 분명히, 그들이 행복하지 않으면 내가 결코 행복해질 수 없기 때문이다. 누군가 아프면 나도 아프고, 즐거운 사람을 보면 나도 즐거워진다. 반대로 내가 행복하면 내 주위의 사람들을 행복하게 할 수 있다. 우리는 그렇게 연결되어 있고 서로에게 행복을 빚지고 있다. 타인에게 대단한 무엇이 되어주지 못한다고 해서 스스로 부족하다 여길 필요는 없다. 언제든 내가 행복해짐으로써 타인의 행복에 기여할 수 있다.

본문에서 학자들의 연구를 몇 군데 인용했지만, 과학적 연구 결과를 많이 안다고 해서 저절로 행복해지지는 않는다. 대단한 비법이나 기술보다 더 중요한 것은 나의 행복을 자각하는 마음이다. 기쁨이 기쁨인 줄 모르고 행복을 그저 돌멩이 보듯 여기는 마음, 그렇게 닫혀버린 마음은 아무리 어여쁜 것들이 주위에 널려 있어도 무감각할 뿐이다.

보통의 하루 속에서 벌어지는 아주 평범한 일과 내면에서 일어나는 감정이 당신에게 무언가 알려주기 위해 마음을 두드리고 있다. 그럴 때마다 민감하게 발견해냈으면 좋겠다.

'이게 행복이 아니면 무엇이지?' 하고, 그 두드림을 알아챘으면 좋겠다. 그것이 곧 가장 즐거운 앎이 될 것이다. 그러면 더 이상 버티는 삶이 아닌, 기쁨의 힘으로 살아내는 삶이 될 것이다.

다소 불완전한 재료들과 영영 나아지지 않을 것 같은 삶의 조건들에도 불구하고, 하루씩 자신만의 '살맛'을 요리해나가길 진심으로 바란다. 힌트가 되어줄 만한 이야기가 이 책 속에 있다고 감히 말씀드리며, 어느 날 아침 '기쁜 하루 보내'라는 메시지를 전송하는 마음으로 이 책을 세상에 내어놓는다.

2018년 유난히 무더운 여름,

김혜령

목
차

Chapter 1.

행복에 가까운 사소한 태도

Chapter 2.

행복을 부르는 적절한 관계

Chapter 1.

행복에 가까운
사소한 태도

똑같은 하루는 없다

과학이 확인한, 세계 최고로 행복한 사람은 마티외 리카르라고 한다. 그는 프랑스에서 촉망받는 생물학자였는데 돌연 티베트로 건너가 승려가 된 인물이다. 미국 위스콘신 대학은 그에 대한 임상 시험을 통해, 긍정적 감정과 관련된 뇌 부위의 활동 수치가 다른 사람에 비해 압도적으로 높은 것을 확인했다. 그 덕택에 '세계 최고 행복남'이라는 수식어가 붙어 다닌다. 행복에 대한 그의 언급 중에 인상적이었던 내용은 '행복은 일종의 기술이며, 그러므로 연마하고 닦을 수 있다'는 점이었다. 그렇다면 구체적으로 어떤 기술을 어떻게 늘릴 수 있을까 고민하던 중에, 내 주위에서 '최고로 행복한'이라는 수식어를 붙여주고 싶은 친구를 만났다.

최고로 행복한 사람의 비결

마티외 리카르처럼 공인된 인물이 있는가 하면, 내 눈으로 직접 확인한 세계 최고 행복남은 '김연재'라는 아이다. 뽀얀 얼굴의 그는 내 친구의 세 살배기 아들이다. 근래 내가 만난 사람 중에 가장 행복한 미소와 기쁨을 가졌다. 천진난만한 표정과 계산 없는 표현들, 춤을 추고 어깨를 들썩이는 원초적인 행동을 보면 한국의 행복지수와 전혀 상관없이 우주 최고로 행복한 존재임이 분명하다. 잠깐씩 울거나 고집을 피울 때를 제외하면, 함께 있는 사람까지 기쁨으로 전염시키는 '프로 행복꾼'이다. 그런 그와 함께하기 위해서는 상당한 체력이 필요하다. 하지만 체력이 완전히 소진되어 지친 날이라도 잠자리에 들기 전에 꼭 그 아이가 다시 생각날 수밖에 없으리라. 연재는 정말 우주 최고로 행복한 아이니까!

나는 그 아이와 함께할 때마다 즐거움의 비결이 무엇인지 유심히 관찰했다. 그는 내게 없는 무엇을 가졌기에 저렇게 모래알만큼의 빈틈도 없이 가득 행복해할 수 있는 걸까.

만약에 누구나 연재와 같은 시절이 있었던 것이라면, 자라는 동안 무슨 일이 있었기에, 무엇을 잃었기에 저런 싱그러운 감정을 잊게 된 걸까.

하루는 바쁜 친구를 대신해 어린이집으로 그를 데리러 간 적이 있었다. 어린이집에서 연재의 집까지는 성인의 걸음으로 3분 정도 걸리는 거리이다. 하지만 그 아이와 함께 걷는다면 30분 정도는 각오해야 한다. 그 짧은 거리 안에 시선을 사로잡는 재미난 것들이 가득하기 때문이다. 그 모든 것을 보고 만지고 알아내야 한다. 오토바이 두 대가 연달아 지나가자 놀라며 "우와, 오토바이가 같이 지나가네!"라고 소리친다. 바닥에 떨어진 연두색 나뭇잎을 보며 "우와, 내가 제일 좋아하는 연두색이다!" 하고 반가워한다. 바삭한 낙엽을 발견했을 때는 "우와! 초코색 나뭇잎이네" 하더니 직접 주워서 나에게 건네며 "이거 이모 가져!"라며 선물할 줄도 아는 센스 있는 아이다.

그에게는 모든 게 반갑고 신기하다. 늘 상념에 가득 차 있는 나랑은 다르다. 지나온 거리에 나무가 있었는지 외계인이 있었는지도 기억하지 못하는 나와 달리, 연재에게는 짧은 하원길조차 신비감으로 가득 찬 세계다. 그의 눈에는 모든 게 새로움이다. 어제도 그제도 같은 길을 걸었을 텐데 매번 새로운 길을 걷는 듯이 잔뜩 흥분해 있다.

어쩌면 나와 연재의 이 차이에 비결이 숨어 있을지 모른다는 생각이 들었다. 그러고 보면 사회생활을 하면서 만나는 사람 중에는 참 많이도 알고 있는 어른들이 있었다. 그들의 시선에서는 새로울 게 전혀 없었다. 웬만한 일은 다 뻔하다는 듯이 시큰둥하게 반응했다. '그거 내가 아는데 별로다' '그거 내가 해봤는데 별거 없다'라는 식이다. 실제로 아는 게 많긴 한데, 대체로 평가나 부정의 표현이 많았다. 또한 그들의 세계는 대체로 똑같은 것으로 점철되어 있었다. '그게 그거지 뭐'라는 표현이 이를 잘 보여준다.

어렸을 때는 그런 어른을 보면 되게 아는 게 많은가 보다 하며 부러워했다. 뭐든지 어설펐던 어린 시절에는 그런 태도의 어른이 '어른스럽다'고 생각했기 때문이다. 이제 와 돌이켜보면 그런 사람은 웃음도 적고, 행복해 보이지도 않았다. 무엇보다 표정이 별로 없었다. 아마 어른이 되면 무슨 연유인지 기대감도 흥미도 잃게 되고, 호기심도 잃어버리는 것 같다. 나의 경우 실망감이 클까 봐 애초에 기대를 하지 말아야겠다고 마음을 다잡는 일이 더러 있다. 어쩌면 기대와 호기심을 잃어야만 감당할 수 있는 것이 어른의 삶인지도 모르겠다. 더는 실망하기 싫고, 아픔을 느끼기 싫은 사람들의 자기 구제책인 것이다. 하지만 그러는 동안 어른의 시간은 매해 짧아지기만 한다. 연말이면, '한 것도 없는데 벌써 12월이야?' 하면서 놀라는 것도 당연하다.

어른의 시간은 왜 짧은가

어른의 시간이 어릴 때에 비해서 점점 짧게 느껴지는 이유는 기억과 관련이 있다. 우리의 시간감각, 그러니까 시간이 빠르게 느껴지거나 더디게 느껴지는 정도는 기억에 의존한다. 네덜란드 호로닝언 대학의 심리학 교수 다우어 드라이스마는 저서 《나이들수록 왜 시간은 빨리 흐르는가》에서 이를 설명한다.

어렸을 때는 주관적으로든 객관적으로든 완전히 새로운 경험을 많이 하게 된다. 따라서 여러 사건과 그로 인한 감정이 매우 강렬하게 기억된다. 많은 생생한 기억이 길고 자세하게 마음에 새겨진다. 그러면 의식된 시간은 길고 빼곡하다. 하지만 차츰 시간이 지나 반복된 날들이 늘어나고, 많은 경험 중 일부는 특별히 의식하지 않아도 자동적으로 일어난다. 익숙한 것이기 때문이다. 그러면 실제로는 존재했지만 기억 속에는 많은 시간이 생략되는 것이다. 그렇게 지나간 일 년의 시간은 어렸을 때와 비교하면 상대적으로 짧고 공허하게 느껴진다.

철학자이자 심리학자인 장마리 귀요는 이러한 시간개념을 공간에 비유한다. 화가가 원근법을 이용해 공간을 정돈하는 것처럼 우리의 기억도 경험한 일들을 정돈하는 작업을 한다는 것이 그의 설명이다. 깊은 인상을 남긴 사건은 더 가깝게 느껴 최근의 일로 기억할 수 있다. 인상적인 일이 늘어나면 늘어날수록 기억의 공간은 점차 커지고, 당연히 시간도 더 길게 느껴질 것이다. 그래서 귀요는 이렇게 권한다.

> 시간을 길게 늘이고 싶다면, 기회가 있을 때 새로운 것들로 시간을 채워야 한다. 신나게 여행을 다녀오거나, 새로운 삶을 받아들여 한층 젊어지거나. 뒤를 돌아보면 지금까지 일어났던 일들과 지금까지 걸어온 길이 상상 속에 쌓여 있음을 알게 될 것이다. 우리 눈에 보이는 세상의 일부인 이 모든 조각들이 길게 줄지어 늘어설 것이고, 그것이 길게 이어진 시간을 보여줄 것이다.

– 다우어 드라이스마, 《나이들수록 왜 시간은 빨리 흐르는가》 중에서
장마리 귀요의 말

언제부턴가 크리스마스나 생일, 기념일이 더 이상 설레지 않고, 많은 날 중에 하루일 뿐이라고 무심하게 넘어가곤 했다. 유난 떨지 않는 내 모습이 '쿨해' 보인다는 생각에 만족스러웠던 것도 사실이다. 그렇게 많은 날을 무뚝뚝하게 '그게 그거'인 날들로 만든 탓에, 충분히 느낄 수 있었던 즐거움이 줄어들고 있었겠다는 생각이 든다. 뻔하고 식상한 날이 많아질수록 재미도 없어질뿐더러 시간이 그만큼 기억 속에서 '스킵'될 것이다.

귀요는 새로운 경험으로 가득 채워야 한다고 했지만, 단지 매 순간 새로운 눈으로 세상을 볼 수 있다면 충분할 것이다. 우리가 원하는 건 시간을 늘이는 것이라기보다 더 자주 행복감을 느끼는 것이기 때문이다. 또한 세상은 어차피 내 눈에 담기는 것이다. 다가오는 가을이 작년의 가을과 같지 않은 것처럼, 무엇도 하루하루 새로워지지 않는 것은 없다. 내일은 오늘과 다르다. 식상함으로 가득 차서 삶을 짧게 요약해버리기보다, 매일 새롭게 정성 들여 시간을 색칠해가는 것, 그것이 스스로에게 줄 수 있는 즐거운 선물이 아닐까. 연재

21

처럼 매일이 신비로 가득 찰 때 어린아이 같은 천진한 기쁨을 맛볼 수도 있을 것이다. 그래서 오늘도 그 아이를 만나러 간다. 오늘은 또 내게 어떤 행복의 기술을 알려줄까? 이미 그는 지난주에 만난 연재가 아니니까.

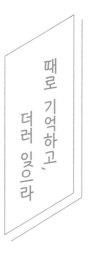

때로 기억하고,
더러 잊으라

'즐거운 기억은 미소를 짓게 합니다.' 지인의 SNS에 올라온 사진 속에 있던 문장이다. 어느 식당 후식 코너에 붙어 있는 아주 작은 칠판에, 손글씨로 쓰여 있던 것이라고 했다. 사진뿐이었다면 쉽게 지나치고 말았을, 다소 뻔한 문구였다. 하지만 그 사진 아래에 지인의 생각이 덧붙어 시선을 사로잡았다. 그녀의 글은 이렇다.

즐거운 기억은 언제고 있게 되는, 있을 수밖에 없는 삶의 고통들을 잘 견디게 해주는 면역력. 즐겁고 신날 때 충만하고 행복할 때 그 순간을 오롯이 경험하는 것이 첫 번째 지혜이겠고, 힘들고 침울하고 허약하게 느껴질 때 잘 저장해놓았던 즐거운 기억을 꺼내어 확인할 수 있는 것이 두 번째 지혜이겠다.

그녀의 생각을 따라가다 보니, 다시 올려다본 사진 속의 글이 새롭게 느껴졌다. 그 짧은, 어쩌면 뻔한 한마디를 놓치지 않고 저장하고 곱씹어본 그녀의 마음이 참 예뻤다. 트라우마로 고통받는 사람들을 치료하는 일을 하는 그녀는 자신의 내담자들이 즐거운 기억을 통해 회복할 수 있기를 간절히 바랐을지도 모른다. 혹은 스스로에게 되새기고 있었을지도. '그래, 언젠가 마음이 허약하게 느껴질 때 좋은 기억을 되살려야지' 하고 다짐했을 한 사람이 그려졌다. 그녀의 생각처럼 즐거운 경험은 그 자체로 지금의 나에게 기쁨을 주지만, 후에 기억으로 남아 언제든 내가 필요할 때 꺼내 볼 수 있다.

기억의 힘

다행히 뇌는 현실과 상상을 구분하지 못한다. 이전의 경험을 상기할 때 작동하는 두뇌 메커니즘은 현재 시점에서 경험할 때와 거의 흡사하다고 한다. 그러니까 과거를 떠올리며 미소 짓는 마음과 바로 지금 실제로 웃을 때의 마음은 그다지 큰 차이가 없다. 오스트리아의 정신과 의사 빅터 프랭클이 나치의 강제수용소에서 고통받을 때 아내와 대화하는 장면을 상상하면서 버텼다는 것이나, 요즘 가상현실이 유행하는 것도 인간의 뇌가 현실과 허구를 구분해내지 못한다는 것을 감안하면 충분히 이해할 수 있다.

뇌의 복잡한 처리 방식을 다 이해하지 않더라도, 우리는 이미 기억의 힘을 잘 알고 있다. 그렇기에 기록한다. 사진을 찍고 글로 남겨두거나 SNS를 활용한다. 누군가에게 되풀이하여 말한다. 그러면서 기억은 더욱 선명해져, 권태롭거나 지치는 날에 다시금 떠올려보게 된다. 마음의 당분처럼 나를 회복시킬 수 있는 자원이다. 나를 행복하게 하는 기억은 많을수록 좋다. 왜곡되고 미화되더라도 괜찮다. 프로이트는 마음의 문제를 다루는 데 있어서 기억이 얼마큼 정확한지가 중요한 것은 아니라고 말했다. 실제로 일어난 일을 '역사적 사실'이라고 한다면, 개인이 기억하는 경험은 '서사적 사실'로 구별한다. 그리고 경험한 사실에 대한 느낌이 중요하다고 말한다. 진실 여부보다 자신이 그 경험을 어떤 방식으로 구성해냈는지가 주목할 대상이다. 그 기억이 아프다는 것은 치유가 필요하다는 적신호이다. 반대로 기쁘다면, 언제든 꺼내

먹을 수 있는 영양제가 되어줄 것이다.

기억은 왜곡된다. 기억의 메커니즘은 '입력→저장→인출'의 3단계를 거치는데, 인출되는 순간의 기억은 이미 처음 입력될 때와는 어떤 식으로든 달라져 있다. 아니, 처음부터 사실과 다르게 입력되기도 한다. 우리는 자신을 보호하고 합리화하기 위해 과거의 이야기를 끊임없이 구성해가기 때문이다. 따라서 그것이 얼마나 진실에 가까운지는 좀처럼 파악하기 어렵다.

> 기억은 과거 사건의 복제가 아니다. 기억은 복제와 위조가 섞인 연출이다. 기억은 내가 엮은 책략이다. 나는 단순히 사진가가 아니라 편집자이자 가끔은 컴퓨터 그래픽 아티스트이기도 하다. 잘 알려진 철학 이론에 따르면 나는 나의 기억이다.
>
> — 마크 롤랜즈, 《철학자가 달린다》 중에서

학창 시절 자신이 친구들에게 보냈던 수많은 편지의 내용을 일일이 기억하는 사람이 있을까? 우리는 받은 편지들을 간직하고는 있어도, 보냈던 편지는 가지고 있지 않다. 받은 편지는 다시 읽어보면 그만이지만, 내가 무슨 말을 썼는지는 쉽게 잊어버린다.

부커상 수상작이기도 한《예감은 틀리지 않는다》는 영국 작가 줄리언 반스의 소설이다. 주인공 토니의 시점으로 진행되는 이야기는 그의 기억에 의존해 서술된다. 토니는 대학 시절 베로니카와 일 년 정도 사귀다가 헤어졌다. 이후 토니의 고등학교 친구였던 에이드리언이 그에게 편지를 보내, 베로니카와 연인이 된 것을 알리며 양해를 구한다. 그의 기억에 고등학교 시절 에이드리언은 지적이고 장래가 촉망되던 학생이었고, 토니는 그를 부러워했었다. 하지만 이미 베로니카와 헤어진 후였기 때문에 토니는 '쿨하게' 그들의 사이를 인정해주었다. 그리고 얼마가 지난 후 어떤 이유인지 에이드리언이 자살을 했다는 소식을 들었지만, 시간이 지나 그마저 기억에서 지워졌다.

40여 년이 지났다. 토니는 베로니카의 엄마가 유품으로 남긴 뜻밖의 편지를 받게 된다. 그리고 편지의 내용을 통해 처음으로, 에이드리언의 자살에 의문을 품는다. 진실을 확인하기 위해 40여 년 만에 베로니카를 만난다. 그녀는 토니가 오래전 자신과 에이드리언에게 보냈던 편지를 보여준다. 에이드리언의 편지에 토니가 보냈던 답장이었다. 까맣게 잊고 있었던 그 편지에는, 스스로 열등감에 휩싸여 쏟아낸 엄청난 독설과 저주가 담겨 있었다. 그 편지로 인해 에이드리언 이 자살이라는 비극에 이르렀다는 이야기의 조각이 맞추어 진 것이다. 그는 충격에 빠진다. 이 소설은 우리가 거대한 기 억의 왜곡 속에 살아가고 있는 건 아닐까 하는 의문을 품어 보게 한다. 정말 그럴지도 모른다. 남이 내게 한 말은 평생 담 고 살기도 하지만, 내가 내뱉은 말은 쉽게 증발한다. 받은 편 지는 다시 꺼내 볼 수 있지만, 보낸 편지는 잊히는 것처럼 말 이다. 그렇기에 기억은 이미 충분히 이기적인 것이다.

> 내가 그 편지를 썼다는 사실이나 그렇게 험담을 퍼부었다는
> 것을 부인하기가 어려웠다. 행여 하소연할 수 있는 게 있다면,
> 그 편지를 쓴 당시의 나와 현재의 나는 다르다는 것 말고는 아
> 무것도 없었다. 정말이지, 나의 어떤 성정이 나를 부추겨 그런
> 편지를 쓰게 했는지 나는 알 수가 없다. 그러나 이런 태도는 고
> 도의 자기기만인지도 모른다.
>
> — 줄리언 반스, 《예감은 틀리지 않는다》 중에서

망각의 축복

마음에 저장되는 모든 이야기가 자로 잰 듯 사실과 정확하

게 일치한다면, 죄책감과 수치심으로 견디지 못하게 되는 것은 아닐까. 또는, 모든 일을 전혀 걸러내지 못하고 빠짐없이 쌓아가야 한다면 과연 우리의 저장 창고가 그것을 감당할 수 있을까. 감당하지 못하는 것은 진실 여부나 기억의 양이 아니라 진실에 대한 우리의 감정이다. 그렇기에 어떤 걸 기억하느냐가 아니라 어떤 걸 지워내느냐가 중요한 문제로 떠오른다. 인간은 생존을 위해 꼭 필요한 것만 기억하고 나머지는 잊어버리도록 진화되었다고 한다. 그런 의미에서 뇌는 기억보다 망각에 익숙하다. 망각은 없어선 안 될 능력이다.

고대 그리스에서도 기억만큼 망각을 중요하게 여긴 듯하다. 전해지는 신화에 따르면, 보이오티아라는 지방의 신전에는 두 개의 샘물이 있었다. 하나는 '레테'라는 망각의 샘물이고, 다른 하나는 '므네모시네'라는 기억의 샘물이다. 그곳에 신탁을 구하러 오는 자들은 그 두 샘물을 차례로 마셔야 했다. 이전까지의 불필요한 생각들을 지우고, 예언을 더 잘 기억하기 위해서였다. 레테는 기억을 지우는 것뿐만 아니라, 진실을 은폐한다는 의미까지 포함하고 있어 다양하게 해석해볼 수 있다.

《예감은 틀리지 않는다》의 토니를 생각해보라. 기억을 단지 잊은 것일까, 자신 때문에 에이드리언이 비극을 맞았을지도 모른다는 사실을 받아들이지 않기 위해 은폐한 것일까. 어떤 일은 절대 잊어선 안 되지만, 잊어야만 살 수 있는 일도 있다. 뜨겁게 사랑했던 연인과의 이별, 또 절대 헤어지지 않을 것 같았던 가족과의 영원한 이별에도 불구하고 계속 살아갈 수 있는 것은 망각의 덕 아니겠는가. 그뿐만 아니라 나 자신의 부끄러운 말과 행동, 상처가 되었던 타인의 말들도 그것이 시간과 함께 흐릿해지지 않는다면 어떻게 그 기분을 영원히 감당할 수 있을까. 우리가 내일로 다시 발을 디딜 수 있는 것은 망각이 있기 때문이다.

프리드리히 니체는 망각을 능동적인 활동이라고 표현했다. 정신적 질서와 안정을 찾아주고, 행복감과 건강함을 주는 장치라고 말한다. 잊히는 것이 수동이 아닌 능동이 될 수 있는 것은, 망각을 위한 가장 빠른 방법이 새로운 기억을 만들어가는 것이기 때문이다. 실연의 상처를 지우기 위해 새로운 만남을 향해 가고, 나의 과오를 잊기 위해 다시 마음을 다지고 발을 구른다. 멈추어 있다면 아픔과 괴로움이 잊히기는커녕 온 힘을 다해 나를 짓누를 것이 분명하다. 그렇기에 망각은 기억보다 더 적극적인 정신 활동이다.

망각이란 천박한 사람들이 믿고 있듯이 그렇게 단순한 타성력이 아니다. 오히려 이것은 일종의 능동적인, 엄밀한 의미에서의 적극적인 저지 능력이다. (중략) 여기에서 바로 알 수 있는 것은 망각이 없다면, 행복도, 명랑함도, 희망도, 자부심도, 현재도 있을 수 없다는 것이다. 이러한 저지 장치가 파손되거나 기능이 멈춘 인간은 소화불량 환자에 비교될 수 있다.

– 프리드리히 니체, 《도덕의 계보학》 중에서

현명한 망각 활동 중 하나는 온전히 현재에 주의를 기울이는 것이다. 아픈 기억에 휩쓸리지 않고, 온갖 상념에 시선을 내어주지 않고 '지금, 여기'를 그대로 바라보는 것이다. 그런 면에서 망각은 순간의 경험에 완전히 주의를 기울이는 일종의 '마음챙김Mindfulness'이다. 명상의 한 개념이기도 한 마음챙김은, 순간에 주의를 집중하는 하나의 정신적 태도를 말한다. 현재에 집중하지 못하는 이유의 대부분이 지난 일에 대한 후회나 미래에 대한 걱정에 있다는 것을 감안한다면 당연한 얘기이다. 적극적인 망각 활동을 통해 현재에 편안하게 머무를 수 있다.

현재를 더 잘 살아내기 위해, 망각을 활용해보는 건 어떨까. 언젠가 잊힐 것을 믿는다면 지금 경험해야만 하는 고통이나 불편을 충분히 겪어낼 수도 있지 않을까. 어쨌거나 망각이 있기 때문에, 이런저런 시련은 나의 '행복한 삶'을 방해할 수 없다. 계속해서 기억이 누적되어갈 우리에게 잘 잊어버리는 능력은 기억력이 부족한 게 아니라, 충분히 행복한 삶을 영위하기 위한 지혜이다. 잘 잊어야만 마음의 배는 가라앉지 않고, 노를 저어 앞으로 나아갈 수 있으니까.

'나는 나의 기억이다'라는 말이 있다. 정말로 자아가 기억의 총체라면, 나의 기쁨과 슬픔도 내가 무엇을 기억하는가와 맞닿아 있을 것이다. 삶의 마지막 순간에 '당신의 삶은 행복했습니까?'라는 질문을 받는 상상을 해본다. 그 답은 전적으로 내 기억에 의존할 것이다. 그렇다면 더욱 적극적인 망각을 위해, 새로운 기쁨을 만들어나가고 싶다.

　슬픔을 전혀 모르는 사람을 만나본 적이 있는가. 타인의
슬픔을 조금도 헤아리지 못하는 사람, 어쩐지 차가운 피가
흐를 것만 같은 그런 사람 말이다. 루마니아는 한때 이렇게
슬픔이 없는 아이들을 한꺼번에 길러내 충격을 안겨주었다.
독재자 니콜라에 차우셰스쿠가 인구수를 늘려 국력을 높일
작정으로 피임과 낙태를 금지했다. 돌볼 여력이 없던 부모들
은 아이를 버릴 수밖에 없었다. 이로 인해 고아원들은 순식
간에 몇백 명의 아이를 보호하게 되었다. 보모 한 명이 수십
명의 아이를 돌봐야 하는, 말도 안 되는 상황에서 정서적인

돌봄은 당연히 불가능했을 것이다. 우유도 겨우 먹일 정도여서 심지어 젖병을 기둥에 매달아 먹였다고 한다. 눈을 맞추고 웃어주는 일은 고사하고, 아이들이 아무리 소리를 지르며 울어대도 반응을 해줄 수 없었다.

슬픔이 갈 곳을 잃으면

그 결과 아이들이 세 살 정도 되었을 때는 울지도 말하지도 않게 되었다. 사람이 다가가도 아무 반응이 없었으며, 다른 사람의 감정에 대해서 전혀 무관심한 채로 한두 가지의 반복된 행동만 보였다. 그렇게 자라난 이들 중 일부는 차우셰스쿠 정부의 친위대나 비밀경찰이 되었다. 또한 감정을 느끼지 못해 극도의 잔인함을 장착한 사이코패스 같은 사람들도 있었다.

이처럼 슬픔이 없는 사람은 정서가 아예 말라 있는 경우가 많아서 무섭기까지 하다. 극심한 우울증을 겪는 사람과 함께하는 것도 조심스럽지만, 슬픔을 전혀 모르는 사람과는 어쩐지 정을 붙이기 어렵다. 우리는 이처럼 매정한 사람, 슬픔을 모를 것 같은 사람을 가리켜 흔히 '피도 눈물도 없는'이라는 수식어를 붙이곤 한다. 자신에게 슬픔이 없는 사람은 타인이 가진 슬픔의 영역 또한 이해할 수 없을 것이다. 하지만 루마니아의 고아원처럼 극단적인 사례가 아니어도, 우리 사회 역시 슬픔에 관대하다고는 할 수 없다. '남자는 태어나서 세 번 운다'든가 '계집애처럼 질질 짜고 그래' 같은 말들이 이를 잘 보여준다. 슬픔을 부정적인 정서로 간주하는 것은 충분히 슬퍼하도록 허락하지 않는다는 뜻이다. 자연스럽게 표출되는 슬픔이 받아들여지지 않는다면 그 슬픔은 갈 곳을 잃고 결국 사라져버린다. 그렇게 슬픔을 잃어버린다.

우리 문화는 슬픔에 인색한 경향이 있다. 그리하여 슬픔에 빠진 사람들에게 빨리 정상적인 삶의 궤도로 돌아오라고 압박을 가한다. 그러나 슬픔을 수용할 충분한 시간을 갖지 않으면, 삶의 속도를 늦추고 내면에 집중함으로써 성장할 수 있는 기회를 놓치게 된다.

— 일자 샌드, 《서툰 감정》 중에서

덴마크의 심리치료사 일자 샌드의 설명처럼, 슬픔을 충분히 수용하지 않으면 내면이 성장할 기회를 놓친다. 슬픔으로 인해서 우리는 이전과 다른 방식으로 스스로를 보게 되고, 삶을 반추할 기회를 가질 수 있다. 앞만 보고 달리느라 아무 생각 없이 가던 길을 찬찬히 살펴볼 수 있을 때 내면은 여물기 때문이다. 슬픔이 없다면 성숙할 기회를 놓쳐버리는 것이다. 하지만 성장할 기회를 놓치는 것보다 더 중요한 문제는, 슬픔을 모르는 사람은 기쁨 또한 모른다는 점이다. 이를 쉽게 이해하도록 구성된 영화가 있다.

픽사에서 제작한 애니메이션 영화 〈인사이드 아웃〉은 어른들에게 더 인기가 있었다. 무엇보다 심리학적으로 접근하고 해석할 수 있는 측면이 있어 심리학 분야에서 종종 인용하는 영화다. 주인공 라일리는 아이스하키를 좋아하는 열한 살의 평범한 소녀다. 눈여겨볼 점은 라일리의 감정 상태를 의인화해서 표현한다는 것이다. 라일리의 머릿속에는 '버럭이' '까칠이' '기쁨이' '슬픔이'라는 이름을 지닌, 살아 있는 캐릭터들이 감정과 기억을 담당하고 있다. 이로써 라일리가 경험하는 외부 환경과 그 자극으로 인한 내면의 반응을 관객이 이해하기 쉽게 보여준다. 이 감정 친구들은 '감정 컨트롤타워'에서 컨트롤러를 다루며 라일리의 행복을 위해 열심히 일한다. 예를 들어 라일리가 속한 팀이 아이스하키 경기에서 우승을 하면, 머릿속 감정 컨트롤타워에서는 기쁨이가 컨트롤러를 주도적으로 잡는다.

라일리 가족이 삭막한 도심으로 이사를 가게 되면서 갈등이 생겨난다. 낯선 환경에 적응해야 하는 데다가, 회사 일로 바빠서 자신에게 소홀해진 아빠 때문에 라일리는 점점 침울해진다. 그러자 라일리의 머릿속에서 슬픔이가 컨트롤러를 잡으려 한다. 그런데 이를 적신호로 인식한 기쁨이가 슬픔이를 제지하기 시작한다. 바닥에 작은 원을 그려놓고 그 안에서 나오지 못하게 하는 등, 슬픔이가 라일리의 감정에 영향력을 행사할 수 없도록 하려는 것이다. 하지만 슬픔이는 실수로 라일리의 핵심 기억을 건드리게 되고, 실랑이를 벌이다가 엉겁결에 기쁨이와 같이 감정 컨트롤타워 본부를 이탈한다.

　슬픔이와 기쁨이가 없어진 뒤, 라일리는 완전히 무감각해진다. 부모의 관심에도 전혀 반응하지 않고, 얼굴에 어떤 표정도 드러내지 않는다. 의욕이 없어 새로운 경험을 모두 거부하면서, 즐거워질 수 있는 기회까지 완전히 차단해버린다. 즉, 슬픔을 피하려다 기쁨까지 잃어버린 것이다. 결정적으로 그녀의 머릿속에서 기억의 섬들이 하나씩 무너져, 과거의 즐거운 경험이 무의식 속으로 삭제되어간다. 어떤 즐거운 기억도 떠올리지 못하는 라일리는 자신이 처한 환경이 자신을 괴롭히는 것이라 극단적으로 판단하고 결국 가출을 시도한다.

라일리의 머릿속에서 일어나는 일들과 그에 따른 겉모습은, 우리가 슬픔을 적신호로만 판단했을 때 마음속에서 연쇄적으로 일어날 수 있는 반응을 잘 보여준다. 이처럼 일상에서 슬픔과 함께 기쁨의 기억들까지 완전히 사라져버린다면 어떨까. 그것은 어떤 감정도 없는 메마른 상태가 아닐까. 우리가 정말로 경계해야 할 것은 슬픔이 아니라 라일리처럼 무감각해진 모습은 아닌지 생각해볼 필요가 있다.

슬픔은 불행이 아니다

건강한 일상을 유지하기 위해 마음에서 다양한 감정이 균형을 이루는 것은 상당히 중요하다. 감정은 경험을 통해 형성되고, 그 감정은 또다시 새로운 경험에 영향을 준다. 그리고 기억은 계속해서 감정들과 연합하여 재구성된다. 그 안에서 슬픔의 역할은 즐거운 감정만큼이나 의미 있다.

이 세계에서 슬픔의 정서를 빼버린다면 어떻게 될까. 문학과 예술에서 슬픔이라는 정서를 제외한다면 단조롭다 못해 아무 맛도 향기도 나지 않을 것이다. 매일같이 보는 텔레비전 속 드라마나 영화에서 슬픔을 끌어내는 스토리가 전혀 없다면, 모든 예능 프로그램이 없어지는 것만큼이나 지루해질

지도 모른다. 음악은 또 어떤가. 감성을 건드리고 눈물을 흘리게 하는 슬픈 노래들이 사라진다면, 우리는 이별의 아픔을 무엇으로 위로받을 수 있겠는가. 우리는 이미 슬픔의 힘으로 살아가고 있다. 특히 한국인은 이 정서를 좋아하는 것이 분명하다. 윤동주는 한국인이 가장 좋아하는 서정시인 중 한 명이다. 그의 시적 감수성의 본질이 바로 '슬픔'이다. 한 비평가는 윤동주의 대표 시집《하늘과 바람과 별과 시》에 수록된 작품 중 10편이 직접적으로 슬픔을 표출하며, 그 밖의 시들도 간접적으로 슬픔의 감수성을 바탕으로 한다고 설명한다. 슬픔은 그의 시를 관통하는 핵심적인 감정인 것이다.

> 순이가 떠난다는 아침에 말 못 할 마음으로 함박눈이 내려, 슬픈 것처럼 창밖에 아득히 깔린 지도 위에 덮인다.
>
> — 윤동주, 〈눈 오는 지도〉 중에서

우리가 윤동주라는 시인을 좋아하고 그의 시에 친숙한 것은 그의 시가 한국인이 가진 중요한 정서를 알아주기 때문일 것이다. 그 정서는 단연 슬픔이다. 슬픔은 특히 상실과 상처의 경험에서 비롯한다. 사랑하는 대상을 잃는 경험은 필연적으로 슬픔을 가져오는데, 이때 애도 작업에 실패하면 우울감, 즉 멜랑콜리melancholy가 된다고 한다. 오래전에는 비록 멜랑콜리를 병으로 여겼지만, 멜랑콜리가 적절히 조화된 문화와 사회는 풍성함을 지니고, 예술과 문학에서도 대중과 깊이 교감할 수 있다. 슬픔과 멜랑콜리는 사람에게서 빠질 수 없는 요소인 것이다. 영국 작가 알랭 드 보통은 한국인이 지닌 멜랑콜리를 높이 평가했다.

> "한국인은 멋진 멜랑콜리를 가지고 있다. (중략) 미국인은 행복하지 않으면서도 행복하다고 생각한다. 한국인은 그렇지 않다. 그게 좋은 시작이다. 한국인은 슬퍼할 줄 안다. 이상하게 들리겠지만 그게 더 큰 만족으로 나아가는 첫 단계다."
>
> — 2017년 5월 15일, JTBC 〈비정상회담〉 중에서

앞서 언급한 영화 〈인사이드 아웃〉의 라일리 또한, 여러 감정이 다시 균형을 잡으면서 위기도 해결되어간다. 슬픔이에게 기쁨이만큼의 자리를 내어주자, 라일리는 이전의 행복했던 기억들을 떠올리고는 눈물을 흘리며 집으로 돌아온다. 라일리가 부모의 품에 안겨 펑펑 우는 모습은, 슬픔을 꺼내 가족과 공유하는 장면이다.

슬픔은 불행이 아니다. 하지만 그 감정을 부정하면 불행으

로 이어질 수 있다. 충분히 울고 또 충분히 웃어야 한다. 몸에서 생성되는 행복 호르몬 중 하나인 엔도르핀은 웃을 때만 나오는 것이 아니다. 실컷 울 때에도 분비된다. 신나게 웃는 것만큼이나 펑펑 우는 것도 몸에 긍정적인 작용을 하는 것이다. 그래서 우리는 한참 울고 났을 때, 몸과 마음이 후련해지고 편안해지는 것을 느낄 수 있다. 그러니 이제, 당신의 슬픔을 당신의 것으로 받아들였으면 좋겠다. 지독한 우울증으로 변해가기 전에 원 안에 갇혀 있는 슬픔이를 꺼내주기 바란다.

베개를 적시도록 실컷 울고 다시 그만큼의 힘으로 기쁨을 향해 가자. 마음껏 슬퍼한 후에야 다시 기쁜 일을 그만큼의 크기로 받아들일 수 있을 테니까. 내 기분이 내 뜻대로 되지 않는 순간에도 감정 컨트롤타워가 내 안에 있음을 잊지 않아야 한다. 마음의 주권이 항상 나에게 있다는 사실은 영원히 변하지 않는다.

불행하게 될

권리

여기, 기쁨을 제공해주는 알약이 있다. 이 약의 이름은 '소마soma'. 모든 불쾌한 감정을 조절해주어 계속해서 행복감을 느끼게 한다. 이것만 있으면 우울하거나 불안해할 필요가 없다. 소마가 통용되는 세상은 어떤 모습일까. 이는 올더스 헉슬리의 소설 《멋진 신세계》에 등장하는 미래의 가상세계이다. 이곳에서는 정부가 심리적 안정과 행복 문제까지 관리해준다. 덕분에 불안정성도 불행도 찾아볼 수가 없다. 모든 인간이 생산 공장에서 인공적으로 부화되고 기계적으로 조작되어 양육된다. 날 때부터 계급이 구분되어 그에 알맞게 발달이 제한되거나 허용된다. 모두의 운명이 미리 정해져 있는 이곳의 지상명령은 '공공, 동일, 안정'이다.

> 신세계에선 누구도 불행하지 않다. 굶주림과 실업, 가난이란 존재하지 않는다. 질병도, 전쟁도 없고 누구도 고독하거나 절망을 느끼지 않으며 불안해하지도 않는다. 아아, 얼마나 신기한가. 이런 사람들이 모여 사는 멋진 신세계여!
>
> — 올더스 헉슬리, 《멋진 신세계》 중에서

어쨌거나 행복을 계속해서 맛볼 수 있는 곳이라니, 호기심이 생긴다. 일상이 무료하거나 공허할 때, 혹은 너무 어렵고 괴로울 때 우리에게는 소마와 같은 기능을 하는 무언가가 필요하다. 소마가 주는 효과, 그러니까 즉각적인 기쁨에 목마른 현대인은 여러 가지 방법으로 소마의 대체품을 찾는다. 손쉽게 기쁨, 그 황홀경을 느낄 수만 있다면 범법 행위도 일삼는다. 마약은 대표적인 문제 사례다. 알코올 중독이나 쇼핑 중독도 현실을 도피하면서 비교적 어렵지 않게 기쁨을 계속해서 느낄 수 있는 방법이다. 그리고 법에 어긋나지도, 도덕적으로 문제가 되지도 않으면서 가만히 앉아 즐거움을 느낄 수 있는 방법이 있다. 현실과는 또 다른 세계, 온라인이다. 우리는 그곳을 사이버 세계라고 부른다. 그곳에서는 일상의 우울한 문제들을 잊어버리고 내가 원하는 가상인물이 되어 많은 것을 통제할 수 있다. 하지만 그 역효과는 심심찮게 일어난다.

만병통치는 가능한가

2009년, 한 부부가 온라인 게임에 중독되어 3개월 된 딸을 방치해 죽음에 이르게 한 사건이 있었다. 주목해야 될 점은 부부가 중독된 게임이 가상공간에서 가상의 딸을 키우는 롤플레잉 게임이었다는 것이다. 가상세계의 딸을 돌보는 데 빠져서 현실의 딸을 굶겨 죽인 셈이다. 이 사건이 기사화되면서 많은 사람이 충격에 빠졌다. 그 부부는 상황이 그 지경이 되도록 어떻게 게임에 빠져 있을 수 있었을까.

게임에서 이겼을 때 우리 몸에서는 도파민이라는 호르몬이 분비된다. 도파민은 세로토닌, 옥시토신, 엔도르핀과 함께 4대 '행복 호르몬'에 속한다. 행복감에 관여하는 뇌 신경 전달물질이다. 도파민 분비에 이상이 생기면 무기력하고 우울증으로 이어질 수 있다. 어떤 시도를 하고 난 후 기분 좋은 보상이 주어졌을 때 도파민 신경체계가 활성화된다. 복잡한 문제를 풀었을 때나 어려운 미션을 해냈을 때 그 짜릿함은 다시 그 시도를 하게 만드는 욕구를 유발한다. 따라서 인간이 목표를 달성하게 하고 성장해가는 데에 중요한 역할을 하는 반면, 해로운 것에 중독되게도 하는 양면성이 있다. 도박에서 승리했을 때나 게임에서 이겼을 때도 짜릿함을 느낄 수 있기 때문에, 계속 그 기쁨을 찾다 보면 집착하게 되고 만다. 더군다나 가상세계에서의 승리는 진짜 세계의 그것보다 훨씬 빠르고 쉽게 획득할 수 있고, 계속해서 얻을 수 있다는 이점이 있다.

하지만 아이를 죽음에 이르게 한 부부의 사례처럼 현실감을 잊어버린다는 것이 가상세계가 주는 즐거움의 문제다. 게임에 중독된 사람들의 얘기를 들어보면, 식사도 수면도 잊은 채 손에 피가 안 통할 때까지 마우스를 잡고 있다고 한다. 현실감각을 망각하고 가상세계의 즐거움에 몰두하는 이들의 쾌락이 우리가 진정으로 갈구하는 것이라면, 모든 이가 그런 기쁨에 빠져버린다면, 다소 끔찍한 미래가 그려진다.

다시 소설로 돌아와서, 우리가 만약 《멋진 신세계》의 체계 속으로 들어간다면 과연 행복해질 수 있을까. 지나치게 과학이 발달하여 극도로 기계화된 그곳의 전체주의 사상 아래에서 소마는 삶의 행복을 위한 만병통치약이 되어줄 수 있을까.

소설 속에는 야생에서 자란 '존'이라는 인물이 등장한다. 생산 공장에서 인위적으로 나고 자란 기계적 인간들과 상반되는 인물로, '멋진 신세계'를 벗어났다가 실종되어 버려진 한 여성의 아들이다. 존은 어머니의 고향인 영국, 즉 문명세계를 동경하며 자랐지만 막상 런던에 오게 되자 혼란스러워하기 시작한다. 알약 소마, 그리고 '필리feely'라는 최첨단 오락시설 덕분에 사람들은 기분 좋은 상태를 항상 유지하고 있었다. 불행이나 우울은 없지만 인간의 감정과 개성이 최소화되어 있고 모든 게 자동적으로 움직인다. 인간은 통치자들 아래, 전체주의적 질서의 노예일 뿐이다. 기계와 다를 바가 없다. 독재체제하에서 탄생부터 이미 그 체제에 따르도록 완벽하게 조작되었기 때문이다. 그런 기계적인 곳에서 뉴멕시코 인디언 보호구역에서 자란 야만인 존은 원숭이처럼 구경거리가 될 뿐이었다.

어느 날 존은 군중이 소마를 배급받는 곳에 가서, 이 약은 만병통치약이 아니라 신체에도 마음에도 해로운 독약이라고 외쳐댄다. 그러면서 자신이 자유를 주러 왔다고 얘기한다. 결국 그 사건으로 인해 분란을 일으킨 죄로 통치자에게 끌려가고, 통치자와 언쟁을 벌이기 시작한다. 존은 어렸을 때부터 자신에게 유일한 즐거움이 되어준 셰익스피어 작품의 우월성을 주장하며, 그것이 과학 오락물 필리보다 더 훌륭하다고 주장한다. 하지만 통치자인 무스타파 몬드는 동의하지 않는다. 자기도 한때 진리를 추구했지만 이제는 행복과 안락이 더 중요하다고 말한다. 행복을 위해서 고매한 예술을 버린 것이고, 안정과 안락을 위해 종교나 진리, 철학과 예술은 필요 없다는 것이다. 그 덕분에 어떠한 불편이나 불쾌를 견딜 일도 없다고 합리화한다. 그러나 존은 이에 반발을 이어간다.

"하지만 나는 안락하고 즐거운 것을 원치 않습니다. 나는 신을 원하고, 시詩를 원해요. 뿐만 아니라 나는 참다운 위험을 원하고, 나는 자유를 원하며, 선량함을 원합니다. 그리고 나는 죄를 원합니다."

"말하자면, 자네는 불행하게 될 권리를 요구하고 있는 셈이군."

"저는 그것으로 좋습니다. 나는 불행하게 될 권리를 요구하고 있는 것입니다."

"그렇다면 말할 것도 없이, 나이를 먹어 흉하게 늙어빠지는 권리, (중략) 온갖 종류의 말할 수 없는 고뇌에 괴로워해야 할 권리도 원한다는 말이겠군."

오랜 침묵이 계속되었다.

"나는 그러한 모든 것을 요구합니다." 마침내 존은 말했다.

— 올더스 헉슬리, 《멋진 신세계》 중에서

이 대화는 마치, 과학이 발달하고 모든 게 빨라지길 바라는 요즘의 시대에 다른 한쪽에서는 계속해서 인문학을 찾는 모습을 떠올리게 한다. 우리가 소마와 필리만으로 만족할 수 있다면, 무스타파 몬드의 말대로 종교도 예술도 철학도 점차 불필요해질지 모른다. 하지만 존이 언급한 셰익스피어가 대변하는 것은 속도와 편리함만으로는 충족될 수 없는, 인간의 복잡하면서도 고유한 내적 세계다. 소마가 즉각적이면서 수동적인 기쁨이라면, 셰익스피어는 느리면서 능동적인 기쁨일 것이다. 소마가 천편일률적이고 쉽게 사라지는 기쁨을 준다면, 셰익스피어는 쉽게 소화되진 않지만 오래오래 지속되는 자신만의 향연을 제공해준다. 인문학의 유행이 잦아들지 않는 이유도 마찬가지다. 그것이 단지 일시적인 필요나 지적 허세를 위한 게 아니기 때문이다. 인문학도 결국 어떤 종류의 즐거움을 위한 것이다. 가상세계로 얻는 기쁨은 소마와 유사한 위험성을 내포하고 있다. 손쉽게 얻을 수 있으면서 현실을 보지 못하게 하고 중독에 빠지게 하는 특징이 그렇다.

셰익스피어의 세계가 주는 행복

현실은 엄연히 가상세계와 다른 방식으로 흘러가며, 몇 가지 비법이나 전략만으로 모두가 똑같이 행복을 거머쥘 수도 없다. 또한 게임과 달리 '끝판'이 없으며 '리셋' 버튼도 없다. 우리가 아는 한 삶의 끝은 죽음이며, 리셋은 다시 태어나는 것이다. 그렇기에 우리는 우리가 발 딛고 있는 현실 위에서 죽음에 이르기까지 계속해서 묻고 고민해야 하고, 넘어지면 다시 일어나야만 한다. 속임수를 쓰는 버튼인 '치트키'만으로는 절대 건너갈 수 없는 단계들이 있으니까.

어린아이들이 노는 모습을 보면, 그들에게 기쁨은 '가짜'만으로 충분해 보인다. 장난감 자동차, 장난감 부엌, 장난감 돈으로 신나게 놀고 즐거워한다. 그러다 시간이 흐르면 점차 가짜만으로는 만족할 수 없고, 때가 되면 누가 시키지 않아도 현실의 세계에 발을 디딘다. 진짜 자동차를 사기 위해 진짜 돈을 구하러 나간다. 진짜 음식과 도구로 요리를 한다. 이미 우리는 절대 '가짜 행복'만으로 만족할 수 없는 존재가 되어 있다. 존은 결국 '멋진 신세계'의 노예가 되기를 거부하고 자살을 택한다. 더는 불행해질 수도, 고독해질 수도 없는 그곳은 존에게 더 이상 의미가 없었던 것이다. 그에게는, 계속해서 행복을 공급받을 수 있는 소마의 세계가 셰익스피어의 세계 앞에서 패배한 것이라 볼 수 있다.

온라인과 오프라인을 막론하고 뭐든 빠른 게 인정받는 요즘. 행복조차도 쉽고 빨리 얻을 수 있는 게 사람들의 시선을 끄는 것은 당연해 보인다. 하지만 존이 소마가 있는 세계를 거부한 것처럼, 우리가 궁극적으로 원하는 것도 '빠르고 쉬운 행복'은 아닌 것 같다. 가상세계가 주는 쾌감은 우리를 잘 존재하게 하는well-being 기쁨이 될 수 없다. 가상이 아닌 여기, 현실에 발 딛고 있는 우리에게 진짜 행복은 무엇일까. 무작정 행복을 좇기보다, 이 질문을 먼저 던져볼 수 있다면 좋겠다.

아름다움을 알아보는 재주

나는 당신이 사랑을 놓쳐버렸고 행복해야 할 의무를 소홀히 했으며 체념으로 하루살이처럼 살아온 데 대해 고소합니다.

— 프랑수아즈 사강, 《브람스를 좋아하세요》 중에서

언제부터 행복이라는 주제에 관심을 기울였을까. 해마다 각 나라의 행복지수를 수치화하는 요즘이지만, 마음이 숫자가 되는 건 아무래도 찜찜하다. 어린아이들에게는 '행복'이라는 단어가 없다. 내게 행복의 뮤즈가 되어주는 세 살배기 연재는 한 번도 행복해지고 싶다는 말을 한 적이 없다. 어쩌

52

면 행복은 필요하기 때문에 만들어낸 어른의 단어가 아닐까. 마치 사랑처럼, 어른들은 결핍된 무언가를 애써 찾으려는 것 같다. 불행하다고 느낄 때, 우울한 감정에 휩싸여 벗어나고 싶을 때 '행복해지고 싶다'는 생각을 품게 되는 것이다. 불행이나 우울을 모르는 아이들은 어떻게 하면 행복해질 수 있을지 고민하는 일도 없으니까.

건강한 영혼의 시선

하지만 나이가 들어 중요성을 알게 되면 누구나 육체의 건강에 신경을 쓰듯이, 영혼의 건강에 관심을 기울이는 것은 당연하다. 이미 아주 오래전부터 인간은 이를 화두로 삼아왔다. 아리스토텔레스는 기원전 300여 년 '행복은 완전한 덕을 따른 정신의 활동'이라고 생각했다. 그는 행복을 궁극적으로 추구해야 하는 하나의 목적으로 여겼다. 건강한 신체에 건강한 정신이 깃든다는 유명한 말도 실은 아주 오래전, 1세기경의 로마 시인 유베날리스로부터 나왔던 것이다.

그렇다. 행복을 추구하는 것은 우리 몸을 건강하게 유지하려는 것과 다르지 않다. 건강한 정신, 건강한 영혼을 지켜간다는 것은 마음을 가꾸고, 마음이 지나친 괴로움이나 우울에 방치되지 않도록 보살피는 것이다. 영혼이 오염되지 않도록 돌보는 것이다.

건강한 영혼을 가지고 있는 사람은 아름다운 것을 발견하는 데에 탁월한 눈을 가지고 있다. 그리고 아름다움은 늘 우리 주위에 있다. 풍경, 이를테면 구름이 어우러진 그림같이 파란 하늘이나 형형색색의 꽃과 나무들이 그렇다. 그들은 우리의 시선을 빼앗는다. 하지만 그것조차 우리가 하늘을 올려다보는 일이 없거나, 구태여 꽃과 나무에 시선을 두지 않으면 사로잡히지 않는다. 왜냐하면 아름다운 것은 유난스럽지 않기 때문이다. 뽐내거나 애써 사람을 자극하지 않는다. 아름다운 사람도, 그들이 지닌 아름다운 내면도 마찬가지다. 자랑하지 않고 도드라지지 않는다.

우리를 쉽게 사로잡고 자극하는 것은 오히려 눈살을 찌푸리게 하는, 오염된 얘기들이다. 화려하고 작위적인 것들은 굳이 찾으러 다니지 않아도 곳곳에서 사람들을 유혹한다. 그래서인지 자연을 보는 눈을 잃어버린 사람들은 회색도시의 모습처럼 탁하다. 오염되고 자극적인 얘기에 휩쓸린 눈은 빛을 띠지 않는다.

'무엇을 보는가'는 심리학적으로도 행복과 연결된 주제다. 미국의 긍정심리학자 마틴 셀리그만은 사물의 긍정적인 면을 보는 낙천적인 경향이 강한 사람과, 부정적인 면을 보는 염세적인 경향이 강한 사람을 구분하여, 각각의 행복감을 확인했다. 낙천주의자들은 행복감이 높고 모든 분야에서 성공을 거둔다고 확인된다. 삶과 사람에 신뢰감을 가지고 있으므로 긍정적 사건이나 만남을 더 많이 끌어내기 때문이다. 건강도 더 좋고, 우울증에 걸릴 확률도 여덟 배나 낮다.

하지만 나는 모두가 낙천주의자가 되어야 한다는 주장을 하고 싶지는 않다. 게다가 낙천주의적 경향과 염세주의적 경향은 그 원인이 유전적인 것으로 확인되었다. 두 경향은 유전자로부터 전달된 개개인의 감수성이라는 뜻이다. 살아온 환경과 종교도 중요한 변수이다. 미국인은 낙천적인 반면 프랑스인은 염세적인 경향이 강한 것이 그 근거가 될 것이다. 그만큼 갑자기 낙천주의적 태도를 가지기란 어렵다. 나는 단지 우리의 눈과 귀가 어디로 향해 있는지에 대한 얘기를 하고 싶다. 무엇을 보고 무엇을 듣느냐는 내 눈과 귀에 던져진 것들을 수동적으로 받아들일지, 아니면 능동적으로 찾아보고 만날지의 문제이기도 하다.

고대 그리스인들에게 본다는 것은 늘 빛과 관련되어 있었어. 어둠 속에서 빛으로 나간다. 혼란스러웠던 것을 명백하게 한다. 은폐되었던 것을 밝힌다. 빛 가운데 있을 가치가 있는 것을 알아본다. 이 세상을 아름답게 빛나게 하는 것에 마음을 연다.

— 정혜윤, 《인생의 일요일들》 중에서

　시간이 갈수록 정보의 속도가 빨라지고, 보고 들을 수 있는 이야기의 양도 기하급수적으로 늘어난다. 눈과 귀를 닫고 있지만 않는다면, 가만히 앉아서도 그 모든 것을 다 접할 수 있다. 하지만 손가락만 까딱하면 펼쳐지는 뉴스나 인터넷 기사, 온갖 소문을 통해 쉽게 들려오는 이야기에 그쳐서는 안 된다. 그것이 세상의 일면인 것을 부정할 수는 없지만, 전부가 될 수는 없는 법이다.

　혐오스럽고 비극적인 사건이 넘쳐날 때에도 다른 한쪽에서는 여전히 다정한 말들이 오가고, 누군가 온기를 나누고 있음을 기억해야 한다. 남들이 보지 못하는 것을 보는 사람, 숨어 있는 아름다움을 찾아내는 사람, 그리고 그것에 대해 말할 수 있는 사람은 쉽게 떠도는 이야기가 세상의 전부가 될 수 없음을 잘 알고 있다. 눈에 보이는 것만이 모든 걸 설명할 수 없다는 것을 아주 잘 알고 있다.

《월든》의 저자 헨리 데이비드 소로우가 시끌벅적한 사회를 떠나 자연으로 들어간 이유도 짐작이 된다. 철학자이자 수필가인 그는 하버드 대학을 졸업한 엘리트였고, 직업을 갖고 충분히 편안한 삶을 영위할 수도 있었다. 하지만 그는 자발적으로 자연과 함께하는 고독함 속으로 자신을 밀어 넣었다. 월든 호숫가의 숲속에 들어가 통나무집을 짓고, 2년 2개월간 은둔하며 자급자족하는 소박한 삶을 즐겼다. 능동적으로 자신의 환경을 택하여 자연과 밀착한 삶을 통해 자주적으로 자신을 돌보았다. 그는 자신이 숲속에 들어간 것은 '본질적인 사실들만을 직면하기 위해, 죽는 순간 후회하지 않기 위해'라고 말했다. 삶이 아닌 것은 살고 싶지 않다며, 자신의 의도대로 살아보려는 의지를 삶을 통해 보여준다.

어떠한 관찰 방법과 훈련도 항상 주의 깊게 살피는 자세의 필요성을 대신해주지는 못한다. 볼 가치가 있는 것을 그때그때 놓치지 않고 보는 훈련에 비하면 아무리 잘 선택된 역사나 철학이나 시의 공부도, 훌륭한 교재도, 가장 모범적인 생활 습관도 그리 대단한 것은 아니다. 당신은 단순한 독자나 학생이 되겠는가, 아니면 '제대로 보는 사람'이 되겠는가? 당신 앞에 놓인 것들을 보고 당신의 운명을 읽으라. 그리고 미래를 향하여 발을 내디더라.

— 헨리 데이비드 소로우, 《월든》 중에서

소로우가 자신을 자연 안에 완전히 가두었던 것과 반대로, 우리는 허황되고 씁쓸한 이야기들 속에 던져진 자신을 방치하고 있는 것은 아닐까. 더럽고 역겹다고 이 사회를 비난하면서, 그 안에 떠밀려 헤어나지 못하는 건 아닐까. 그러면서 꽤 괜찮은 삶이라 위로하고 있을지도 모르겠다. 적당히 벌고 적당히 가진 채로 이 정도면 충분하다고 생각하면서. 왜냐하면 애써 눈을 돌려 무언가를 찾는 것보다 휘둘려 사는 삶이 더 쉬울 테니까.

존재로서의 삶

에리히 프롬의 저서 《소유냐 존재냐》를 통해 잘 알려져 있듯, 삶의 방식을 두 가지로 나눌 수 있다. 하나는 무언가를 소유하면서 만족해하는 소유로서의 삶이다. 소비함으로써 자신을 확인하기 때문에 '나는 존재한다 = 나는 소유한다'로 설명된다. 또 하나는 존재로서의 삶이다. 어떤 것을 소유하거나 그것을 갈망하지 않으면서도 즐거워하고, 자기의 재능을 생산적으로 사용하면서 세계와 어우러지는 삶이다.

이 두 가지 삶의 태도는 행복에 적용된다. 더 많이 가지고 소비할수록 행복한 사람이 있는가 하면, 존재하는 그 자체로, 또 모든 것을 그런 방식으로 바라봄으로써 행복해지는 사람이 있다. 행복의 기술을 쉽게 설명할 수 없는 것은 이 '존재로서의 행복' 때문일 것이다. 무언가 더 가짐으로써 즐겁고 기쁜 것은 설명하기 쉽다. 가시적이기 때문이다. 하지만 나와 모든 대상이 그 자체로 존재함으로써 행복이 되는 것을 누군가에게 알려주기란 어렵다. 그 행복은 쉽게 언어화되지 않는다. 아름다운 것을 보고 듣기를 게을리하지 않는 습관이 존재로서의 삶의 한 태도는 아닐까. 그것은 곧 내 마음 안에 무엇을 채워갈 것인지 능동적으로 조절하는 삶일 것이다.

그렇기에 권하고 싶다. 아름다운 이야기, 어여쁜 사람들을 보는 눈을 잃지 말자고. 우리의 시선, 그 시선이 머무는 곳에 내 영혼이 열려 있을 것이기에. 눈과 입에 담는 것과 담기는 것들을 소중하게 보듬어주기를 바란다. 아름다움을 찾아서 사는 삶, 아름다움을 끊임없이 채워가는 삶, 그것은 분명 존재로서의 삶을 살기 위한 필수 구성요소일 것이다.

믿음보다 의심이 더 쉬운 사회, 경계와 분노가 익숙한 사회, 그 안에서도 아름다운 것을 찾아낼 수 있다면 우리 마음은 결코 위험하지 않다. 어여쁜 것들을 보고 듣고, 아름다운 이야기를 찾아 전할 수 있다면 그런 삶의 태도가 체화된다면, 그렇게 살아가는 것만으로도 충분히 행복한 삶이라고 할 수 있을 것이다. 행복이라는 단어도 모르는 아이들이 작은 나뭇잎에서도 즐거움을 찾아내는 것처럼, 예쁜 것을 담아내는 눈을 지닌 사람들에게 존재로서의 행복이 함께할 거라 믿는다.

과연 '운'이라는 게 존재할까. 미래를 알 수 없는 우리는 늘 운세를 궁금해하고, 돈을 주고서라도 나의 운을 점쳐보려고 한다. 세상 모든 일이 내 뜻대로 되지 않고, 애써 세워놓은 계획도 흐트러지기 십상이니 어쩌면 우연의 힘이 더 크다고 봐야 할지도 모르겠다.

만약 그 우연의 힘이 내게 유리한 방향으로 잘 풀려나가기만 한다면, 그걸 '행복'이라고 볼 수도 있을까. 실제로 사전에 나와 있는 행복의 첫 번째 뜻은 '복된 좋은 운수'다.

다만 너무 멀리 갔다 왔을 뿐

어른이 되어 다시 읽게 된 소설 《노인과 바다》는 새삼스럽게도 운이라는 주제를 내게 새로운 생각거리로 던져준다. 몇 달째 고기 한 마리 낚지 못한 고기잡이 노인 산티아고를 보고 사람들은 불행에 처한 '살라오' 신세가 되었다고 말한다. 살라오란 '운이 다한 사람'이라는 뜻을 지닌, 라틴 아메리카의 속어다. 아닌 게 아니라, 노인을 좋아해서 항상 그와 함께 배를 탔던 소년 마놀린에게, 소년의 부모는 노인의 불행을 이유로 다른 배를 타라고 한다. 마놀린은 다른 어부의 배를 타고서는 괜찮은 고기를 세 마리나 낚았다. 노인과 배를 탔을 때는 한 마리도 낚지 못했는데 말이다. 하지만 소년은 '산티아고 영감님~' 하며 그를 여전히 좋아했고, 빈 배로 돌아오는 노인의 일을 거들었다. 다른 어부들이 산티아고를 놀려댈 때에도, 소년은 믿음과 사랑이 가득한 눈으로 그를 바라보며 늘 좋은 말동무가 되어준다.

어느 날, 오늘은 느낌이 좋다며 홀로 먼바다에 나간 산티아고는, 정오 무렵 미끼를 문 어마어마한 크기의 청새치와 사투를 벌이게 된다. 그에게 커다란 청새치는 거대한 꿈이며 그동안의 불운을 깨끗하게 씻어줄 성공의 상징이나 마찬가지였다. 이틀 밤낮을 씨름하여 마침내 청새치를 잡는 데 성공한다. 하지만 배 옆에 거대한 고기를 묶어 집으로 가는 길, 또 한 번의 역경에 부딪힌다. 청새치를 향한 상어들의 공격이었다. 청새치를 잡느라 낚싯줄에 손바닥 살이 벗겨져나갈 만큼 체력을 거의 다 쓴 노인은, 다섯 마리 상어를 간신히 처치한다. 하지만 그에게 남은 것은 청새치의 앙상한 뼈와 머리, 지느러미뿐이었다.

어제, 일이 너무나 잘 풀리더니만. 그가 생각을 이어갔다. 꿈이라면 얼마나 좋을까. 고기를 낚지도 않았고, 신문지를 깐 침대에서 그냥 혼자 누워있는 거라면 얼마나 좋을까.

— 어니스트 헤밍웨이, 《노인과 바다》 중에서

18피트나 되는 길고 큰 뼈와 지느러미를 보고 사람들은 놀란다. 비록 청새치는 상어 밥이 되어버렸지만, 노인의 운이 결코 다하지 않았음을 증명했다고 봐야 할까. 그는 육지에 돌아와, 마놀린과 다시 대화를 나눌 수 있었다. 바다에서 사투를 벌이면서, 그는 자신을 좋아하는 소년 마놀린을 간절히 그리워했다. 또 소년과 대화를 나누던 여유로운 시간을 떠올렸다. '아이가 곁에 있다면 좋으련만. 나를 돕기도 하고, 이걸 함께 볼 수도 있고 말이야.' '아이가 여기 함께 있으면, 낚싯줄에 물을 묻혀 쓸리지 않게 해줄 텐데. 그래, 아이만 곁에 있다면 바랄 게 없을 거야. 아이가 곁에 있으면 좋으련만.' 망망대해에서 이렇게 혼잣말을 여러 번 되뇌던 그였다.

마침내 돌아와 마놀린과 대화를 나누는 그는 정말 평화로워 보인다. 자신을 행복하게 하는 것이 그렇게 가까이에 이미 있었는데, 그는 왜 그렇게까지, 목숨을 내놓고 거친 싸움을 해야만 했을까. 물론, 어려운 조건에도 불구하고 온 열정을 쏟아부은 그 집념은 존경스럽고, 그렇게 잡은 고기를 제 자신처럼 여기며 지켜내려 했던 모습도 아름답지만 말이다. 산티아고는 빈손으로 돌아온 자신에게 이렇게 말한다. '난 진 게 아니야. 다만 너무 멀리 나갔다 왔을 뿐이야.' 그리고 누군가 함께 이야기할 상대가 있다는 것이 얼마나 즐거운 일인가를 새삼 깨닫는다.

너무 멀리 나갔다 왔을 뿐이라는 그의 말을 곱씹어본다. 인간은 기어이 선을 넘어보아야만, 그제야 자신이 지나쳤던 소중한 것을 깨닫는 욕망의 동물인 걸까. 소중한 것은, 늘 그렇게 걱정을 퍼부어야만 지켜낼 수 있는 건 아닐 텐데.

사람들은 몇 달 동안 물고기를 잡지 못한 그를 두고 '운이 다한 사람'이라고 말했었다. 산티아고는 큰 물고기를 잡아옴으로써 그 운이 다하지 않았음을 보여주고 싶었을 것이다. 누구보다 스스로에게 그것을 확인시키고 싶었을지도 모르겠다. 하지만 바다에서 돌아온 후 소년을 보며 자신은 운이 다한 게 아니라, 진짜 행운을 이미 가까이에 두고 있었음을 깨달은 듯하다. 그것은 바로 마놀린과 함께하는 시간, 또 그가 보여주는 신뢰다. 행운은 격정적으로 쟁취해야 하는 무엇이 아니라, 노인에게 소년의 존재와 같은 고요하고 평화로운 무엇은 아닐까. 그것을 발견하는 것은 우리의 몫이고.

그럼에도 주위에는 너무 멀리 나아가는 사람이 많다. 한 방의 무엇을 기대하며 과도하게 집착하거나 선을 넘는 일들은 허다하다. 심한 갈증을 채우려는 몸부림일지도 모르겠으나 과도한 것, 지나친 것은 늘 함정을 지니고 있다. 집착은 대개 결핍에서 기인한다. 자신이 집착하는 것을 살펴보면 그 아래에 결핍이 자리한 경우가 많다. 그런데 자신의 결핍을 모르면 '적당히'가 무엇인지도 알지 못한다. 그렇기에 자신의 내면을 오롯이 이해하는 작업은, 무언가에 의도치 않게 집착하는 위험을 막을 수 있다.

지나침과 과도함의 함정에 쉽게 빠지는 어리석음은 이미 오래전부터 경계되었다. '네메시스'의 존재가 이를 보여준다. 네메시스는 그리스 신화에 등장하는 여신으로, 과도함을 허락하지 않는다. 분수를 넘어서는 모든 것을 경계하고 그에 벌을 내린다. 복수의 여신이라고도 불리는데, 인간들이 저지르는 모든 과도함에 보복을 가하기 때문이다. 그런데 그 보복이, 과도함을 더욱 부추겨 결국 그 과도함으로 멸망하게 만드는 방식이다. 멈출 줄 모르는 욕심은 비극을 가져올 수밖에 없다는 것을 설명해주려는 걸까. 지나친 행동과 과도한 태도를 멈추지 못하고 결국 자신을 다치게 만드는 수많은 인간의 초상을 떠올리게 한다.

도를 넘지 않는 지혜

기대치 않았던 기쁜 일은 사람을 들뜨게 한다. 가끔은 이런 좋은 일이 내게 생겨도 되나 싶을 정도로, 과분한 일들 앞에서는 멈칫하게 된다. 내가 비관론자여서가 아니다. 마냥 흠뻑 취해 기뻐하고 자랑할 수 없는 것은 겸손이라는 좋은 단어로 포장할 수도 있겠지만, 삶이 늘 좋은 일로만 연결될 수 없음을 이제는 알기 때문일 것이다. 동화 속 세상처럼 '오래

오래 행복하게 잘 살았답니다'라는 결말이 현실에서는 유효하지 않은 것처럼, 새옹지마는 당연한 삶의 법칙이다. 풍성한 열매를 수확하고 나면 거친 겨울이 오는 게 자연의 순리이듯이 우리 삶에도 희로애락이 무작위로 등장한다. 그런 순리를 받아들이고 나면, 왠지 모르게 차분해지는 것 같다. 가만히 앉아서 요행을 바라는 어리석음도 자연스럽게 사라진다.

그리스의 '델포이'는 나라의 중대사를 결정할 때마다 찾는 신전이었다. 델포이 신전의 한 기둥에는 '메덴 아간Meden Agan'이라는 글귀가 쓰여 있다. '그 어떤 일도 지나치거나 치우쳐서는 안 된다'는 뜻으로, 무슨 일이든 도를 넘지 말라는 의미로 해석할 수도 있겠다. 이렇게 글귀를 새길 정도인 걸 보면, 지나침과 치우침이 없는 태도를 갖기란 이미 오래전부터 쉽지 않은 일이었나 보다. 누구에게나 어려울 것이다. 그 적당함의 선을 알고 행동으로 지킬 수 있는 것이 바로 인간이 가질 수 있는 세련된 지혜가 아닐까. 아무리 좋은 의도로 한 말과 행동도 그것이 도를 넘는 순간 좋은 뜻을 잃어버리고 만다. 듣기 좋은 말도 지나치면 오해를 불러올 수 있으며, 심지어 사랑도 지나치면 관계를 무너뜨린다.

또한 인간의 감정이야말로 지나치고 치우치면 결코 평화로움을 유지할 수 없는 대표적인 예다. 사람과 사람 사이에서 격한 분노가 갈등을 가져오거나, 걷잡을 수 없는 질투심이 사람을 망쳐버린 사례는 얼마나 많은가. 욕심과 호기심은 지나칠수록 그야말로 쓴맛을 볼 수밖에 없는 인간의 마음이다.

예부터 중도와 평정심을 강조한 것도, 감정이 치우치면 일을 그르칠 수 있다는 것을 잘 알았기 때문이다. 그런 의미에서 '절제'는 무엇을 단순히 참고 억제하는 것이 아니라, 현명한 삶의 태도로 보인다. 영국의 철학자 버트런드 러셀은 삶을 즐기게 된 주된 비결을 자신에 대한 집착을 줄이는 것에서 찾았다고 말했다. 고대 그리스의 철학자 에피쿠로스가 절제의 윤리를 강조한 것이나, 아리스토텔레스에게 중용이 중요했던 것도 다르지 않을 것이다.

격하고 뜨거운 열정이 주는 수확도 물론 아름다울 것임을 안다. 하지만 조금 힘을 빼고 고요한 마음으로 세상을 바라보는 것은 어떨까. 끊임없이 무언가를 추구하는 것이 쾌락을 가져다준다고 믿는 이들은 항상 어떤 목표를 향해 달려가고 있다. 삶의 완벽한 상태를 상정해놓고, 그에 도달할 때까지 계속 질주하려는 것 같기도 하다. 하지만 조금만 힘을 빼고 생각해보면, 진짜 기쁨은 완벽한 삶이나 성공에서 오는 게 아니라 '충분히 좋은' 상태에 있는지도 모른다. 완벽함이 아닌 충분함에서 비롯되는 여유가 삶을 한결 더 온화하게 만들어줄 것이다.

인간은 차분함을 늘 유지할 수 있을 만큼 본디 현명한 존재는 아니다. 사회가 부추기는 '성공'이나 '대박'과 같은 단어가 주는 유혹을 따라가다 보면 어느새 너무 먼바다로 나아가 있거나 적정선을 지나쳐버리는 함정에 빠지고 만다. 가끔은 향락이나 쾌락보다 인간을 타락시키기 쉬운 게 '성공'에의 맹목적인 갈망이 아닌가 싶다. 그 또한 시행착오처럼 좋은 깨달음이 된다면 천만다행이지만, 그러는 동안 정작 노인의 망가진 손을 보며 울어주는 소년 같은, 따뜻한 행운을 놓쳐버리는 것은 정말 안타까운 일이다.

가까이 있는 행운을 보지 못하고 너무 멀리 나가는 우를 범하지는 않는지, 격한 욕심을 주체하지 못하고 스스로를 아프게 만들지는 않는지 늘 살펴볼 수 있다면 좋겠다. 산티아고에게 마놀린이 항상 함께했던 것처럼, 우리에게도 '운'은 이미 가까이에 있을 것이다. 행운은 어느 순간 찾아오는 게 아니라, 살아가며 발견해가는 것이라 감히 믿어본다. 가깝고도 고요한 우리들의 '운수 좋은 날'을 찾아낼 수 있기를 바라며.

Chapter 2.

행복을 부르는
적절한 관계

행복한 사람 옆에 행복한 사람

  사람과 사람이 서로 영향을 주고받는 모습은 다양하다. 또 자신이 어떤 사람인지에 대한 사실, 즉 개인의 정체성은 타인과 긴밀히 연결되어 있다. 친구나 애인 혹은 가족을 빼놓고는 자신을 제대로 설명할 수 없는 경우가 많다. 물론 그렇지 않은 사람도 있겠지만, 아무리 타인의 영향을 받고 싶지 않은 사람이라고 해도, 산속에서 홀로 살아가지 않는 이상 타인과 단절되는 상황은 불가능할 것이다. 누구나 나 아닌 사람으로 인해 상처받고 괴로워하기도, 더 많이 즐거워하기도 하며 살아간다. 특히 우리의 관심 주제인 행복감은 전염

성이 있어서, 누구와 함께하고 오랜 시간을 보내는지는 행복
감을 예측하는 지표가 된다.

> 즐거운 것이건 어떤 것이건 감정은 두 사람 사이에서, 그리고
> 더 큰 집단 사이에서 퍼져 나갈 수 있다. 따라서 감정은 개인뿐
> 만 아니라 집단에서도 유래할 수 있다. 그리고 여러분이 무엇
> 을 느끼느냐 하는 것은 여러분과 연결 관계가 가깝거나 먼 사
> 람들이 무엇을 느끼느냐에 따라 달라진다.
>
> — 니컬러스 크리스태키스, 제임스 파울러, 《행복은 전염된다》 중에서

전염되기 위해 분리되어야 하는 아이러니

실제로 사람들이 행복감과 관련하여 타인과 어떻게 관계
맺고 있는지 확인하기 위해 연구자들은 '행복의 사회적 네트
워크' 그래프를 만들었다. 의사이자 사회학자인 하버드 대학
의 니컬러스 크리스태키스와 캘리포니아 대학의 정치학 교
수인 제임스 파울러는 감정과 사회적 연결을 측정한 자료를
모았다. 그래프를 통해 형제, 친구, 배우자 사이의 유대를 행
복 수준과 함께 나타냈다. 이를 통해 알게 된 흥미로운 사실
은 행복한 사람은 행복한 사람끼리 모여 있고, 불행한 사람

은 불행한 사람끼리 모여 있다는 것이었다. 특히, 불행한 사람들은 연결고리들의 중심부에 위치하지 않고, 주변부나 끄트머리에 있었다. 크리스태키스와 파울러는 저서 《행복은 전염된다》에서 이 그래프를 설명하며, 행복한 사람들이 무리 짓는 것은 한 사람의 행복이 다른 사람에게 미치는 인과론적 효과 때문이라고 덧붙인다. 그러면서 지갑에 들어 있는 큰돈보다 사회적 관계로 연결된 타인, 심지어 직접적인 관계가 아닌, 친구의 친구나 배우자의 친구 등 한 다리 건넌 관계까지도 개인적 행복에 큰 영향을 미칠 수 있다고 말한다.

히키코모리가 아닌 이상, 일상에서 자신에게 영향을 미치는 대상 가운데 '사람'이 가장 큰 비중을 차지할 것이다. 사람에게 받는 이런저런 스트레스, 타인과 조화롭게 지내기 위한 고민은 모두가 안고 있다. 앞서 말했듯 사람들과의 관계가 개인의 행복에 큰 영향을 미치는 것이라면, 행복을 얻는 방법은 아주 단순할지 모른다. 우리는 항상 누군가와 함께하고 있기 때문이다. 하지만 이와 같이 사회적 관계를 통해 긍정적인 영향을 받으려면 아이러니하게도, 사람들로부터 건강하게 분리되어 있어야 한다. 쉽게 말해서 정신적 자립이 되어야 타인에 의한 기쁨에 전염될 수 있다. 연결고리가 그저 손을 잡고 있는 정도라면, 온기를 느낄 수 있고 마주 보고 미소를 나눌 수도 있다. 하지만 얽히다 못해 엉켜 있는 경우라면 다르다. 타인으로 인해 일희일비하거나, 내 감정이 나에 의해 움직이지 않고 타인에게 내맡겨진 상태는 위험하다.

그런 위험한 관계 중 하나가 부당한 의존성과 지나친 이타성의 만남이다. 이 만남은 대개 사랑이나 우정의 모습을 하고 있다. 의존성이 높은 쪽은 상대가 자신을 무조건적으로 받아주길 원한다. 전폭적인 애정뿐만 아니라 자신에게 어떤 문제가 생겼을 때 '짠' 하고 나타나 해결해주기를 바란다. 마치 어린아이가 엄마에게 기대하는 것처럼 말이다. 정서적으로 결핍되어 있기 때문에, 상대가 자신의 갈증을 무한히 채워주기를 밑 빠진 독처럼 바라는 것이다. 그렇다면 상대의 입장은 어떨까. 이런 관계가 유지될 수 있는 것은 의존자의 요청을 계속 받아주는 파트너가 있기 때문이다. 한쪽이 계속 받기를 원하는 만큼 반대쪽은 계속해서 사랑을 제공하려 애쓰고, 무리한 요구도 들어주는 데 익숙해져버린다.

이런 관계는 아주 쉽게 만들어진다. 왜냐하면 기댈 곳이 간절히 필요한 사람은 본능적으로 자신을 채워줄 사람을 알아보기 때문이다. 타인에게 의존해야만 안정감을 느끼는 사람은 자신이 바라는 것을 제공해줄 사람을 단번에 찾아낸다. 그리고 상대는 의존자의 결핍을 채워주고 응석을 받아줌으로써 본인도 스스로 일종의 위안을 느낀다. 겉보기에는 이타적인 모습으로 보일지 모르나, 의존을 받아주는 이의 기저에는 이타적으로 행동해야만 내 정체성을 인정받을 수 있다는 믿음이 있다. 타인에게 물리적, 심리적으로 무언가를 제공해주어야만 자신이 가치 있는 사람이라고 믿는 것이다. 그러다 자칫 상대가 원하지 않는 것까지 주려고 함으로써 자신을 인정받고 싶어 하기도 한다. 그러면 상대가 부담스러워하는 것도 문제지만, 정작 자신이 제공한 만큼 돌려받지 못할 경우 실망감을 느끼고 상처를 받는 악순환이 반복된다는 것이 더 안타깝다. 상대의 부당한 의존을 계속해서 허용하는 것이 가장 큰 함정이다. 이런 관계는 삐걱거릴 수밖에 없다. 한쪽은 주기만 하고 다른 한쪽은 받기만 하는 관계는 결코 건강하게 유지될 수 없기 때문이다.

헌신의 한계

작가 김형경은 저서 《사람풍경》에서 이러한 관계를 두고, 동일한 의존성을 서로 반대 성향으로 표출하는 것이라고 설명한다. 양쪽 모두 심리적으로 자립하지 못한 상태이다. 상대에게 지나칠 정도로 의존하는 것은 미숙한 사람의 병리적 의존성이다. 그리고 그것을 온몸과 마음으로 지탱하고 있는 쪽 또한, 그렇게 하지 않으면 스스로 자신의 가치를 믿지 못한다는 점에서 자립하지 못한 케이스이다. 그는 어쩌면 상대의 지나친 요구를 묵묵히 받아주면서, 그 행동을 통해 '나는 착하다'라는 썩 괜찮은 가치를 부여했을지 모른다. 그러는 동안 자신에게 써야 할 시간과 정성을 타인에게 먼저 썼을 것이고, 상대의 반응을 민감하게 받아들였을 것이다. 그런 식으로 상대에게 끌려 다닌다.

물론 이타성은 인류가 유지되는 데 기여한 중요한 특성이고, 이타주의는 많은 학자가 행복의 비결로 꼽는 것이다. 하지만 자신을 잊어버린 과도한 이타성은 그렇지 않다. '과도한' 이타성은, 자신을 돌보아야 할 에너지를 타인에게 쏟아붓는 것이다. 그러다 바닥이 보이고서야 깨닫는다. 그때 자신을 돌보려고 하면 상대방의 자기애적 분노를 피하기 어렵다. 결국 양쪽 다 자신의 마음을 스스로 세우지 못해서 서로에게 의존하고 있었음을 부정하기 힘들다.

타인과 건강하게 연결되기 위해서는 내 마음, 마음의 한계, 욕망을 이해하는 것이 필수다. 나를 보살피는 것이 우선

시되어야 한다. 내 마음과 삶을 스스로 돌보고, 타인의 것이 아닌 내 에너지로 나를 길러낼 수 있어야 한다. 남을 도우며 기쁨을 느끼고자 할 때에도 가장 먼저 알아야 할 것은 나의 자원과 한계이다. 자신의 한계를 모르고 무작정 시간과 정성을 쏟다 보면 어느 순간 공허해진다. 적절한 보상이 돌아오지 않을 땐 분노감이 느껴지고 어느새 관계의 의미는 훼손되어버린다. 성인이라면 누구나 스스로를 돌보고 기르는 일을 해낼 수 있을 것이라 생각하지만 실상은 그 반대다. 자신을 보살피는 일은 무척 어려운 일이며 고통스럽기까지 하다. 그 고통을 피하기 위해 타인에게 자꾸만 기대려 하는 것이다.

'과연 나는 행복한가' '나는 잘 살고 있는가.' 무거운 질문이지만 관계 속에서 불쑥불쑥 자신에게 던져보면 좋겠다. 타인을 끊임없이 받치고 있으면서 정작 자신이 더 위태위태한 것은 아닌지. 헌신만이 자신의 존재 가치라 믿는 것은 아닌지. 혹은 반대로 타인의 지지와 보상이 없으면 한 방에 무너져버릴 상태는 아닌지 살펴보는 것이다. 내 감정의 주권이 나에게 있을 때, 타인과 건강하게 이어질 수 있다. 그때에야 사람들 사이로 흘러드는 행복을 누릴 수 있다. 긍정적인 감정을 수혈받아, 더 행복해질 수 있는 첫 번째 단계인 것이다.

감정을 모방하다

누군가와 애써 엉키지 않아도, 우리의 감정은 계속해서 타인과 상호작용을 하면서 영향을 받는다. 영국의 한 연구에서는, 대학 신입생들을 대상으로 약간의 우울증이 있는 사람과 함께 방을 쓰게 하고 3개월 정도 지켜보았더니, 같은 방의 학생들이 점점 우울해졌다는 결과가 확인되었다. 꼭 오랜 시간을 함께하지 않아도 낯선 누군가가 친절하고 밝은 얼굴로 대해주었을 때 누구나 긍정적인 정서를 느낀다. 정도의 차이만 있을 뿐이다. 이처럼 생활공간을 공유하는 사람뿐만 아니라 잠깐 스쳐 가는 관계에서도 감정은 영향을 받는다.

그렇다면 사람들 사이에서 어떤 경로로 행복이 전염되는 걸까. 크리스태키스 박사는 감정전이가 일종의 본능적 공감이라고 말한다. 타인의 감정을 자신의 것으로 전이시키는 것은 공감 능력이다. 우리는 다른 사람의 얼굴 표정을 보며 무의식적으로 그것을 모방하게 된다. 그러면 얼굴 근육에서 뇌로 신호가 간다. 감정이 생겨나는 것이다. 즉, 모방의 결과로 타인과 같은 감정을 느끼게 된다. 그렇다면 일상에서 만난 사람의 미소를 내가 자동적으로 모방함으로써, 그 사람의 내면에 있는 행복감을 내 안에서 만들어내는 것이라 생각해볼 수 있다. 이는 흔히 알고 있는 것처럼 감정에 따라서 표정이 생긴다는 것과 다르다. 또 외부 자극을 통해 바로 감정이 일어난 것이 아니라, 자극과 감정 반응 사이에 신체가 있다는 사실도 주목할 내용이다. 자극에 따른 신체의 자동적 변화가 선행되었고 그다음에 감정 반응이 일어난 것이다.

우리가 마주 보는 사람, 그 사람의 감정이 나도 모르게 전염되고 있다. 같은 공간에서 오랜 시간 함께하는 사람은 물론이고 출퇴근길의 지하철이나 버스 안에서 마주치는 낯선 이들까지도 감정을 공유하고 있다. 그렇다면, 모든 이가 모든 이의 행복에 어느 정도씩 관여하는 셈이다. 그런 물리적인 접촉이 감정전이를 만들어낸다는 것, 다른 사람이 느끼는 것을 매 순간 함께 느낀다는 사실은 한편으로는 아프게 다가오기도 한다. 타인의 슬픔이나 절망까지도 내 것으로 만들 수 있기 때문이다.

그런 이유로 불현듯 한 자매가 생각이 났다. 황정은의 소설 《계속해보겠습니다》 속에 등장하는, 소라와 나나라는 이름을 가진 자매다. 그들이 생각난 것은, 한창 웃으며 즐겁게 지내야 할 어린 시절에 너무 슬픈 사람과 함께 살고 있었기 때문이다. 자매의 엄마는 우울의 극단에 있는 사람이었다. 남편이 공장에서 일하다가 비참하게 죽음을 맞았고, 그 이후로 엄마는 표정을 잃었다. 삶의 모든 의욕을 잃은 듯했다. 인형 같은 표정으로 몇 시간이고 드러누워 있을 때도 있었다. 무기력하고 깊은 공허감에 잠긴 상태였다. 즐거움이 가득할 때 살맛이 난다고 하는 것처럼, 우울감은 심해질수록 '살고 싶지 않다'는 마음을 갖게 한다. 그러니까 즐거움이 생生의 에너지라면, 지나친 우울은 사死의 에너지에 가깝다. 거의 죽음 가까이에서 목숨만 부지하고 있는 사람과 매일을 함께했던 것이다. 그런 환경에서 자매가 아이들 특유의 즐거운 감정을 누리기란 불가능했을 것이다. 아이들을 거의 돌보지 않는 우울한 엄마 아래에서 살아나가기 위해서는 감정의 균형을 잡는 것이 곧 삶의 의지를 붙드는 것이나 마찬가지였을 테다. 또래 아이들과 달리 그들의 자립은 나름의 버티기였을 것이라는 생각이 든다. 그래서인지 성인이 된 나나와 소라의 생각을 따라가다 보면 쓸쓸한 기운이 감돈다. 소설 전체에서 느껴지는 묵직한 처연함도 그 때문일 것이다.

한편, 함께 사는 사람 덕택에 완전히 그 반대의 감정이 전이된 사람도 있다. 영화 〈블라인드 사이드〉에 등장하는 마이클. 그는 실존 인물이기도 하다. 미식축구 선수로 발탁될 만큼 체격도 좋고 잠재력도 있는 학생이지만, 안정된 집이 없어 학교 체육관에서 밤을 보내야 하는 상황이었다. 그러던 어느 날, 그와 같은 학교에 다니는 아이를 둔 엄마인 리 앤이 우연히 그를 발견해 집으로 데려온다. 알고 보니 마이클의 생모는 약물중독으로 마이클을 전혀 돌볼 수 없는 상태였다. 리 앤은 마이클을 아들처럼 돌보고, 마이클은 리 앤의 남편, 아들, 딸과 점차 한 가족처럼 적응해나간다. 눈여겨볼 점은 마이클의 표정 변화이다. 초반에는, 잠깐 등장한 생모의 얼굴처럼 전혀 표정이 없었다. 무기력해 보였다. 눈빛에는 어떤 의욕도 느낄 수 없었다. 하지만 리 앤의 가족과 함께하는 시간이 늘어날수록 그의 표정은 어느새 그들의 밝은 표정을 빼닮아갔다.

마이클의 변화는 앞서 말했던 표정 모방을 통한 감정 전이 방식으로 설명할 수 있을 것 같다. 물론, 전에 없던 따뜻한 집과 보살핌이 그의 마음을 평안하게 해주었을 것이다. 하지만 유쾌하고 웃음 많은 가족과 늘 마주 보고 함께 식사하고 대화하면서, 그들을 닮아가지 않을 수 있을까. 마이클은 즐겁게 학교를 다니며 미식축구 선수 활동도 해나간다. 얼굴에 생동감이 더해지고 다양한 표정이 생겨난다. 그의 첫 등장에서는 상상도 못했던 생생한 행복이 그의 미소에서 드러난다. 이것이 바로 감정전이의 좋은 예가 아닐까 싶다.

진화론적 입장에서는 감정전이가 일어나는 이유를 두고, 본래 어머니와 아기 사이의 유대를 강화하기 위한 것이었다고 설명한다. 또한 원시시대에는 집단의 기분이 일치됨으로써 위험한 짐승을 감지할 수 있고, 적을 물리치는 데에도 이점이 있었다. 즉, 감정전이는 '안전'을 위한 것이었다. 현대에서도 다르지 않다. 우리는 지나친 불안감과 우울감에 위협받고 있다. 작금의 사회 분위기는 분노 아니면 불안을 부추긴다. 그래서일까. 우리는 본능적으로 짜증이 많은 사람은 멀리하려고 한다. 그 감정이 나에게 해롭다는 것을 알아채기 때문이다. 심리적 안정을 위해 서로 긍정적인 정서를 주고받으려는 것이 서로 연결된 우리가 할 수 있는 최선의 자급자족이 아닌가 싶다.

우리에게는 타인의 기쁨을 내 기쁨으로 만드는 힘이 있다. 자주 함께하는 사람, 매일매일 얼굴을 마주하는 사람, 그들의 감정은 나와 이어져 있다. 그래서 우리는 언제나 타인을 통해 행복해질 수 있다. 그리고 나 또한 타인의 행복에 기여할 수 있다. 행복한 사람 옆에 행복한 사람이 있다는 연구 결과처럼, 타인과 함께 머무르는 것만으로도 내 마음은 안전해질지도 모른다. 단, 나 스스로가 자신을 돌볼 수 있어야 한다는 것을 잊지 말자. 내 마음이 스스로 서 있지 못하면 행복도 괴로움도 내 것이 아닐 테니까. 타인에게 묶여 일희일비하기보다는, 감정의 컨트롤러를 내가 잡되 타인을 향해 항상 창을 열어두기 바란다. 그들의 미소를 내가 비추어낼 수 있게 말이다.

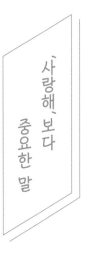

'사랑해'보다 중요한 말

휴대폰과 인터넷 사용이 보편화되면서 새롭게 생겨난 소통 도구가 있다. 바로 이모티콘이다. 웃는 표정을 나타내는 '^^', 눈물 흘리는 모습을 표현하는 'ㅜㅜ'처럼 간단한 기호를 이용한 것부터, 귀엽고 우스꽝스러운 이미지들까지 다채롭게 등장했다. 격식을 차려야 하는 대화나 이메일에서는 이모티콘을 자제할 수밖에 없는데, 그럴 때면 뜻을 다 전달하지 못한 것 같은 허전한 기분마저 든다.

돈을 들여가면서까지 다양한 캐릭터의 메신저 이모티콘을 쓰는 이유는 무엇일까. 단순히 재미 때문이기도 하지만,

많은 글자를 사용하지 않고도 기분을 확실하게 전달할 수 있다는 장점 때문일 것이다. 이모티콘은 기분을 노골적으로 표현하고 싶은 욕구를 대신해주고, 대화에 생기를 불어넣는 촉매제다. 일상적인 대화에서 감정이나 기분을 주고받는 것은 상당히 핵심적인 부분이다.

감정의 찌꺼기가 쌓이지 않도록

친구 사이에서 한쪽이 영혼 없이 반응하면 대화는 금세 갈 길을 잃는다. 또 연인이나 부부가 일상에서 느끼는 소소한 감정을 공유하지 않으면, 면역력이 약해진 신체처럼 관계가 쉽게 부서진다. 그것은 낭만을 잃는 것보다 더 슬픈 일이다. 마음 안에서 일어나는 일을 말하지도, 알고 싶어 하지도 않으며 더 이상 서로의 표정을 읽어내지 못할 때, 관계는 참으로 삭막해진다. 오늘 직장에서 어떤 일이 있었는지, 그 일로 내 기분이 어땠는지, 퇴근길 지하철에서 어떤 광경을 보았는지 이야기를 나누며 툴툴거리거나 함께 웃을 수 없다고 생각해보라. 그저 공과금, 대출금 같은 돈 얘기나 큼직한 집안 행사에 대해서만 얘기한다면 그것은 부부라기보다는 혼인신고라는 계약으로 이루어진 사무 집단에 가깝다. 그래서 '사랑해'라는 말만큼이나 중요한 것이 '시시콜콜한 대화'이다.

소통의 순기능 가운데 하나가 감정을 공유하면서 자연스럽게 공감이 이뤄진다는 것이다. 이는 내 생각과 감정을 존중받고, 상대 또한 존중해주는 의미 있는 과정이다. 가까운 사람일수록 매일같이 연락해도 이야기가 끊이지 않는 것은 그 때문이다. 우리의 감정은 시시때때로 변화하고, 엄청난 양의 생각들이 우리 마음을 스쳐 간다. 수다는 그저 뻔한 재잘거림이 아니라 생각과 감정을 토닥여주는 가장 손쉬운 방식이다.

요즘은 그 의미가 희미해졌지만 과거에 '이웃사촌'은 중요한 대화 파트너였다. 먼 곳에 사는 친척보다 자주 볼 수밖에 없는 이웃은 가족만큼 가까운 관계이다. 이웃 간에 오며 가며 서로의 표정을 살피게 된다. 자주 마주치면서 자연스럽게 안부를 확인하고, 함께 어울리며 소소한 희로애락을 공유한다. 이 안에서 자동적으로 마음에 일어난 일들을 언어화하는 '감정 라벨링labelling'이 일어난다. 이는 내면에 헝클어진 생각들을 자연스럽게 풀어내어 정리해줄 뿐만 아니라, 감정의 찌꺼기가 쌓이지 않게 도와준다. 그래서 의도치 않게 부정적인 방향으로 화살이 튀어 나가는 것을 방지한다. 감정은 결국 흘러가는 것이지만 건강하게 처리되지 못하면 언젠가 말썽을 피울 수 있기 때문이다.

모두가 관계 내에서 이런 역할을 해주고 있기에 서로가 서로에게 사적인private 상담사라 할 수 있다. 일상의 크고 작은 일로부터 생기는 감정을 공유할 사람이 있다는 것, 시시콜콜한 얘기를 나눌 누군가가 있다는 것은 얼마나 다행인가. 반복되고 지치는 삶에서 이러한 관계는 우리에게 없어서는 안 될 지지대 역할을 하고 있는 것이다.

영화 〈그녀Her〉는 매일매일 일어나는 사소한 이야기를 공유하는 게 얼마나 큰 역할을 하는지를 잘 보여준다. 주인공 테오도르는 편지를 대신 써주는 대필 작가다. 자신과는 무관한 사람들의 마음을 대신 써주는 일을 한다. 그가 감성이 풍부하지 않고 타인의 마음을 헤아리는 데 재능이 없었다면 불가능한 직업이다. 하지만 정작 아내와 별거 중인 테오도르는 자신의 마음을 나눌 사람이 없다. 이별 후 하루하루를 무기력하게 지내던 그가, 뜻밖에 친밀함을 나누게 된 상대는 음성인식 인공지능 운영체제이다. 이름은 사만다. 사람의 형상만 보이지 않을 뿐 하루 종일 친구와 전화 통화를 하는 것처럼 여성의 음성과 대화할 수 있다. 그는 사만다와 친밀한 교감을 한다. 일상을 얘기하고 고민거리를 나누고 사사로운 감정을 공유한다. 그러다 그는 사만다에게 점차 사랑의 감정을 느낀다. 기계와 사랑에 빠지는 일이 가능했던 이유는 무엇일까. 사만다는 늘 테오도르의 얘기를 들어주었고 그의 안위를 궁금해했으며 하루 종일 함께하면서 같이 웃어주고 슬퍼해줬다. 깊은 대화뿐만 아니라 시시콜콜하고 사소한 것을 나누는 데에서 관계는 두터워졌다. 이런 소통 안에서라면 누구라도 점점 단단하게 이어져가지 않을 수 없다. 이것은 우정과 사랑이 되고 이웃 간의 정이 되어간다.

이처럼 대화의 핵심만 잘 파악해도, 우리는 모두 소통의 달인이 될 수 있다. 시시콜콜한 얘기를 털어놓는 것만큼 시시콜콜한 얘기를 관심 있게 들어주고, 상대의 말뿐만 아니라 표정과 몸짓을 통해 그 사람의 기분, 욕구를 알아차리고 이해해주는 것이다. 마음의 안테나를 상대에게 열어두는 것이다. 우리가 하는 감정 표현에는 의도와 욕구가 내포되어 있기 때문에 이를 상대가 이해하게 하고, 상대의 마음을 이해하려는 작업은 관계를 진술하게 만들어준다.

감정은 어느 하나 하찮지 않다

그럼에도 많은 관계에서 소통이 늘 문제가 된다. 오로지 자신의 의견을 말하는 데만 도취되거나, 상대를 위한다는 명목으로 자신의 주장을 강요하고 타인을 비난하기에 급급하기 때문이다. 그래서 부부상담이나 부모교육에서 제안하는 중요한 대화 기법이 '나 전달법 i-message'이다. 상대에게 불만이 있을 때 우리가 자주 쓰는 말은, '도대체 넌 왜 항상 그런 식이야?' '넌 왜 그렇게 내 말을 무시해?' '너 그렇게밖에 말 못해?'와 같이 상대를 주어로 하는 문장이다. '너'를 주어로 하면 부정적인 표현이 붙기 쉽다. 상대를 평가하는 말과 비난하는 말이 이어진다.

하지만 '나와의 약속을 중요하게 생각하지 않는 것 같아서 속상해' '그런 말을 들으니까 너무 우울하고 비참한 기분이야'처럼, '나'를 주어로 두면 문장은 좀 더 부드러워진다. 상대의 기분을 상하지 않게 하면서 효과적으로 자신의 감정을 전달하는 대화법이다. 막상 해보려고 하면 어색할 수 있다. 하지만 정직한 표현을 돕는 데 확실한 효과가 있다. 상대를 평가하거나 비난하는 표현이 줄어들어 오해를 예방한다. 상대방을 비난하는 게 목적이 아니라 갈등을 해결하고 상황을 개선하는 게 목적이라면 유용한 대화 기법이다.

'나 전달법'은 타인에게 상처를 주지 않으면서 내 기분을 전달하는 역할도 하지만, 이런 표현에 익숙해지면 나 또한 외부 경험으로 인한 스스로의 내면 반응을 더 잘 이해하게 된다. 다른 누구도 아닌 '나'가 이 상황에서 어떤 기분을 느꼈는지 포착하고 이해하는 것은 건강한 대화의 기본이다. 혼자서도 이와 유사한 효과를 누릴 수 있는 방법 중 하나는 글쓰기이다. 마음을 글로 풀어내는 작업은 공간에 제한받지 않고, 간편하기까지 하다. 시시콜콜한 얘기를 자유롭게 털어놓을 수 있는 행위다. 마음속에 어질러져 있는 생각과 감정을 있는 그대로 쓰기만 하면 된다. 마음속의 장면들을 언어로 바꾸는 것뿐이다. 물론 처음에는 낙서에 가깝다고 느낄 수도 있다. 실제로 많은 이들이 글쓰기 자체에 대한 어려움을 토로하곤 한다. 하지만 '잘 써야 한다'는 생각과 타인의 평가에서 자유로워지기만 해도 글쓰기에 대한 부담이 훨씬 덜하다. 오직 자신의 마음일 뿐이니, 남의 글을 보듯이 평가하려는 마음은 접어두어도 된다. 노트와 나, 둘의 대화라고 생각하면 어떨까. 어떤 작품을 만들어내는 것도, 타인의 시선이

나 평가를 고려해야 하는 것도 아니다. 가장 신뢰가 깊은 편안한 친구와 대화를 나누는 것이다. 내면에서 일어나는 일들을 가만히 살펴보고, '그런 일이 있었구나' 하고 달래듯이 종이 위에 써 내려가는 것이다. 어쩌면 자신도 몰랐던 감정과 생각이 어린아이처럼 인정받기를 기다리고 있을지도 모른다. 스스로 마음을 헤아려보는 좋은 기회가 될 수 있다.

우리의 시시콜콜한 감정들은 결코 시시콜콜하지 않다. 작가 아이작 싱어의 말처럼 우리는 '감정의 백만장자'다. 내 안에 있는 백만 개의 감정은 어느 하나 하찮은 것이 없다. 마음의 공간에 드나드는 모든 생각과 감정이 소중하다. 다만, 우리가 할 일은 이들이 자연스럽게 흘러가도록 도와주는 것이다. 창을 열어 환기하듯이, 타인의 내면과 소통하면서 막힘이 없도록 하는 것이다. 친구와 애인, 배우자의 작은 생각과 기분에 귀 기울여 나누는 일상적인 대화, 그리고 혼자 시간을 내어 글로써 마음을 정돈하는 자신만의 대화가 이 작업을 더욱 유연하게 만들어줄 것이다.

　새로운 사람을 알게 되고 그와 얘기를 나눌 때면 나에게는 불쑥 불안감이 찾아든다. 상대가 나를 싫어할지도 모른다는 생각이 드는 탓이다. 이미 알던 사람과 계속해서 친분을 나누고 싶은 마음이 들 때도 마찬가지다. 나에 대해 속속들이 알고 나면 내게 가졌던 호감이 실망으로 바뀌어버릴 것 같았다. 또 다른 나의 모습이, 나의 장점을 보고 다가왔던 사람들을 멀어지게 만들고, 나를 좋게 봐주었던 첫 느낌을 뒤집어버릴 것 같았다. 숨기고 있는 나의 약점, 첫인상으로는 절대 알 수 없는 내면의 단점은 그렇게 들키고 싶지 않은 것이다.

누구나 어느 정도는 그렇다는 걸 알면서도, 나만 유독 두꺼운 가면을 쓰고 있는 건 아닐까 하는 생각도 들었다. 그럴수록 나는 더욱더 가면 뒤에 숨고 싶었다.

행복한 사람들은 결핍을 인정한다

그런 나와 비슷한 두려움을 지닌 한 소년을 알게 되었다. 이름은 어거스트 풀먼이다. 가족들은 그를 '어기'라고 부른다. 동명의 책을 원작으로 한 영화 〈원더〉의 주인공 어기는 실제로 가면을 쓰고 다닌다. 우주비행사들이 쓰는 두꺼운 헬멧이다. 아주 평범한 소년이지만 또래 아이들과 다른 점이 있다면 얼굴이 좀 특별하다는 것이다. 선천성 안면기형을 갖고 태어나 스무 번이 넘는 수술을 받았지만 평범한 얼굴로 돌아오지는 못했다. 얼굴 전체가 화상을 입은 듯한 모습이다. 누가 봐도 평범하지 않은 얼굴은 열 살 어기에게 치명적인 약점이다. 이 때문에 홈스쿨링을 하며 집에서만 지냈고 가장 친한 친구는 가족들이었다.

나는 실제로 가면을 쓰고 다니지는 않았지만, 왠지 모르게 저 헬멧이 익숙하게 느껴졌다. 그에게 헬멧이 있다면 나에게는 내 약점을 숨기는 연기력이 있을지도 모르겠다. 뭐든 숨는 게 편해서인지 낮보다는 밤을, 햇빛 쨍쨍한 날보다는 각자 우산으로 자신을 보호하는 비 오는 날을, 어쨌거나 시야가 좁아지는 날을 좋아한다. 그런 내게 헬멧은 얼마나 간편하고 안전한, 자기만의 은폐된 공간인가. 두껍고 단단한 헬멧 속에서 살고 있는 소년을 십분 이해할 수 있을 것 같았다.

어느 날 어기의 엄마는 그를 더 이상 집에만 둘 수 없다는 판단으로 학교에 보내기로 한다. 어기의 진짜 위기가 시작된 것이다. 헬멧을 벗고 가족이 아닌 사람들과 생활해야 한다니. 그에게 완전히 감정이입이 되어서, 나까지 심장이 쿵쾅거렸다. 얼마나 떨릴까. 가장 치명적인 약점을 대놓고 사람들에게 보여야 한다니 얼마나 두려울까. 그냥 계속 홈스쿨링을 하는 편이 나은 건 아닐까. 하지만 그렇게 된다면 그에게 더 이상 유대감은 없을 것이었다. 혼자서도 재밌게 시간을 보낼 수야 있겠지만 친구들과 장난을 칠 수도, 고민을 나눌 수도 없을 테니까.

어기의 일생일대의 도전을 지켜보며 그와 함께 나누고 싶은 이야기가 떠올랐다. 미국의 심리학자 브레네 브라운의 저서 《마음 가면》에서는 행복한 사람의 특징 중 하나가 '연결connection'에 있다고 보았다. 연결은 이어짐, 즉 타인과의 유대를 뜻한다. 우리에게는 타인과 이어지려는 본능이 있기 때문인데, 이 연결을 만들어내는 요인이 뜻밖에도 우리의 취약성에 있다고 한다. 스스로 부족하다고 생각하는 부분, 약점이나 결점을 숨기지 않고 정직하게 드러내는 사람은 타인과 연결되기가 쉽다. 조화로운 연결은 적절히 도움을 주고받게 하고, 관계를 더욱 돈독하게 한다. 약점 때문에 오히려 타인에게 진심 어린 사랑을 받을 수 있다는 것이다.

생각해보면 타인을 알아갈 때 처음엔 재능이나 완벽해 보이는 모습에 끌렸다 하더라도, 신뢰가 생기고 가까워지게 만드는 요인은 또 다른 영역이었다. 예상외로 허술한 면이나 빈틈을 발견했을 때 호감은 오히려 상승한다. 차가운 사람의 따뜻한 '반전 매력', 그리고 '허당' 같은 행동도 그렇다. 더군다나 우리가 깊은 관계로 발전할 때는 필연적으로 자신의 약점이나 콤플렉스를 공유하기 마련이다. 브레네 브라운 또한 자기를 노출하는 데에 어려움이 있던 사람이었다. 그러나 수천 명의 상담 사례를 통해 알게 되었다. 행복한 사람들은 자신의 결핍을 거리낌 없이 인정한다는 사실, 그들은 스스로에게 관대하기에 나아가 다른 사람의 결핍에도 너그러운 마음을 가지게 된다는 사실을 말이다. 다른 사람에게 자신의 결점을 온전히 드러낼 줄 아는 사람, 그들에게는 '용기'가 있었다. 용기를 뜻하는 영어 단어 'courage'는 심장을 의미하는 라틴어 'cor'에서 파생되었다고 한다. 즉, '자신이 누구인지를 온 마음을 다해 솔직히 이야기한다'는 의미를 지닌다. 저자의 표현대로 '온 마음을 다하여 사는 사람들'은 기꺼이 취약해질 수 있는 용기가 있으며, 그 덕분에 사랑과 소속감을 깊이 느끼는 사람들이었다. 이 느낌은 건강한 행복감과 연결되는 중요한 지점이다. 그렇기에 브라운은 약점을 드러낼수록 더 강해진다고 알려준다.

민낯으로 더 행복해질 기회

과연 자신의 치명적인 약점을 오롯이 드러낼 수밖에 없는 〈원더〉의 주인공에게도 그랬을까. 자신을 보여주기가 너무나 두려웠던 어기는 헬멧을 벗고 학교에 다니기 시작했지만, 당연히 철없는 열 살 아이들은 그를 멀리하거나 놀리기 십상이었다. 오크라고 부르는가 하면, 괴물이라고 대놓고 말하는 아이도 있었다. 하지만 어기는 그럼에도 다음 날이면 또 꿋꿋하게 등교를 했다. 사람들의 시선 안으로 뚜벅뚜벅 걸어 들어갔다. 그에게는 집을 벗어나는 매일매일이 엄청난 용기

임에 틀림없었다.

그 때문일까. 하나둘씩 다가온 친구들은 어기의 최고 매력인 유쾌한 성격과 유머감각을 알게 되면서 그를 더욱더 좋아하게 된다. 항상 혼자 밥을 먹고 엄마 손을 잡고 등하교하던 어기는 어느새 여느 또래 아이들과 마찬가지로 친구들과 어울리고 장난치는 평범한 소년이 되어 있었다. 헬멧 속의 세상에서는 절대로 만날 수 없었던 친구들을 통해 그는 새로운 세계, 새로운 즐거움을 만들어간 것이다.

과거의 나는 어기처럼 얼굴에 드러나는 것도 아니었으면서, 내가 가진 약점에 지금보다 훨씬 더 연연했다. 전공 교수님께 상담을 요청하러 갔다가 "혜령 씨는 다 가졌는데 뭐가 걱정이에요?"라는 말씀에 어쩐지 모르게 움츠러들어 입을 꾹 다물고 나왔던 일, 만나면 늘 유쾌했던 친구들에게 정작 고민이 많은 시기에 연락을 주저하다 멀어져버린 일이 그러했다. 끝내 솔직해지지 못한 관계는 단절이라는 대가를 치렀다. 결국 내게는 '용기'가 부족했던 것이다. 애써 내가 정직해졌다면 많은 것이 달라질 수 있었을까. 아마도 어기는 내가 이제야 깨닫는 용기의 힘을 열 살에 이미 깨달은 듯하다.

물론, 자신의 결핍을 거리낌 없이 내보인다는 것이 무차별적인 자기 노출은 아닐 것이다. 브라운 또한 취약성은 상호 관계에 기초하는 것이므로 '신뢰'와 '경계'를 요구한다고 덧붙인다. 지나치게 많은 걸 털어놓거나, SNS에 정보를 함부로 올리는 것과는 다르다면서, 우리의 이야기를 들을 자격이 있는 사람들에게 우리의 감정과 경험을 털어놓는 것이라고 말한다. 그리고 이 과정은 쌍방향으로 이루어진다.

우리는 완벽한 사람을 부러워할지언정 그와 친해지고 싶다는 생각은 좀처럼 하지 않는다. 자신 또한 실수담이나 결점을 솔직히 말하고 났을 때에야 그 관계가 한결 편해지는 걸 느낀다. 그런 과정을 통해 관계는 더욱 돈독해지고, 몰랐던 자신의 장점을 찾게 되기도 한다. 예를 들어 노래를 부르는 상황을 생각해보자. 나를 평가하는 사람들 앞에서는 안 하던 실수도 저지르는 반면에, 누구보다 편한 사람들 앞에서는 혼자서 부를 때보다 실력 발휘를 잘 해내기도 한다. 사람 간의 '연결'이란 이렇게 강점보다는 약점과 더욱 가깝다. 누구나 타인에게 잘난 모습을 보이고 싶어 하고 좋은 면을 인정받고 싶어 하지만, 그것만큼이나 간절한 건 결점이나 실수, 부끄러운 경험을 이해받고 싶은 마음이다. 그 때문인지 마냥 자신을 좋게만 봐주고 잘하는 것에만 포커스를 두는 타인은 오히려 부담스럽다. 영화의 마지막 장면, 졸업식 날 어기는 마음을 가득 담아 엄마에게 말한다. "학교에 보내줘서 고마워. 화날 때도 있었지만, 이젠 정말 행복해."

나 또한 어기처럼 알게 모르게 용기를 내어왔기에 현재의 단단한 관계들이 있는 것일 테다. 그렇게 진솔한 관계 속에서 틀림없이 행복은 자라고 있었다. 그럼에도 여전히 두렵다. 내 민낯의 잡티를, 석사라는 라벨에 가려져 있는 무지를, 천성적 나태를, 미소 뒤에 감춰둔 차가움을, 그러니까 나의 모순을 보이는 건 여전히 두려운 일이다. 그래서 앞으로의 나와, 이 글을 읽는 독자들에게 감히 말해두고 싶다. 우리의 약점들이 솔직함을 만나서 강력한 매력으로 변화하는 마법, 그 마법을 위해 헬멧을 벗어던지자고. 민낯의 용기로 더 행복해질 기회를 마련해보는 건 어떻겠냐고.

학창 시절에 친구들이 모이면 꼭 확인하는 게 있었다. 혈액형이다. 내가 A형이라고 밝히면 꼭 듣게 되는 말. "역시, 소심하구먼." 특정 혈액형의 몇 가지 대표적인 특징을 가지고 한 사람을 정의하는 일이 심심찮게 있었다. 과학적인 근거가 있는지는 항상 논쟁거리였지만, 혈액형을 묻고 얘기하는 것은 꽤 재밌는 대화 소재였다. 이 때문에 억울함을 호소하는 이도 있었다. B형 남자들 중에 바람둥이가 많다거나 AB형은 특이한 성격이라는 둥 쉽게 확인하기 힘든 특징도 있었으니 말이다. 그 이론대로라면 이 지구상의 수많은 사람의 성향이

네 가지로 나뉜다. 겪어보지도 않고 넘겨짚는 선입견이 생기는 건 두말할 것도 없다.

닮은 사람은 있어도 같은 사람은 없다

어른이 되고 나서도 방법이 다를 뿐 여전히 사람들을 특정 기준으로 나누는 범주화를 자주 겪게 된다. 소위 편 가르기에 가까운 분류법은 생각보다 더 다양했다. 정치 성향에 따라 보수와 진보로 나누기도 하고, 출신 학교나 지역을 기준으로 구분하기도 하며, 나아가 국제적으로는 피부 색깔도 분류 기준이 되었다. 타인과 나를 나누고자 하면 그 핑곗거리는 무수한 듯했다. 혈액형을 거론할 때와 같은 재미는 사라지고 오히려 폭력적이기까지 했다. 왜냐하면 이 기준들을 이유로 아군과 적군이 나뉘고, 사람에 대한 가치가 매겨져 우월감에 취하거나 열등감에 위축되는 일이 일어났기 때문이다. 잔인한 편견을 만들어내는 기준들이었다.

사람을 몇 가지 기준으로 구분지어 설명하기는 어렵다. 두세 개의 수식어만으로는 한 사람을 이해하기 어렵고, 또 사람은 계속 변화해가는 존재이기 때문이다. 저마다 다채로운 모습을 안에 숨기고 있어서 참으로 모순적이기도 한 생명체가 바로 사람이다. 갖고 태어난 기질과 수많은 경험이 합쳐져 지금의 모습을 이룬다. 어떻게 변해갈지는 스스로도 알 수 없다. 어디에 소속되어 있다거나 어느 그룹으로 분류되어 있다는 사실은 한 사람을 이해하는 데 참고가 될 수는 있으나 그를 정의하는 잣대는 될 수 없다. 한 집단에서 오랜 시간을 지내다 보면 공통의 빛깔을 지닐 수 있을지는 모르겠다. 그렇다 해도 그 빛깔이 한 사람을 절대적으로 특징짓는 근거가 될 수는 없다. 그렇기에 우리는 자기 자신조차도 섣불리 '안다'고 할 수가 없다.

닮은 사람은 있어도 같은 사람은 없다. 또 '나랑 너무 다르다'고 확신한 누군가를 실제로 겪어보면서 닮은 점을 발견하기도 한다. 다양한 사람만큼 다양한 만남이 이뤄지면, 그 안에서 예측할 수 없는 새로운 사건과 감정이 생겨난다. 그래서 '만남'은 즐거움을 주는 사건인 동시에, 동전의 양면처럼 스트레스를 유발하는 주요 요인이다. 어떤 만남은 마냥 즐겁고 재밌기만 하지만, 어떤 만남은 너무 어렵고 지루하기도 한 것이다.

타인을 아군과 적군으로 구분하는 섣부른 범주화는 소속감을 주는 동시에 소외감을 만들어내는 위험한 작업이다. 이는 자연히 우월감과 열등감으로 이어진다. 튀는 걸 별로 좋아하지 않는 한국 사회는 대다수와 '다르다'는 사실이 약점처럼 여겨질 것이다. 평균치에서 벗어나는 것에 대한 두려움을 안고 있다. 그로 인해 느껴지는 소외감은 치명적으로 작용한다. 다르다는 사실이 단지 다름으로만 받아들여지지 않고, 열등하다는 생각으로 이어져 자신의 가치감을 격하한다.

이렇듯 우리는 아직 '다양함'을 받아들이기에 많이 서툰 것 같다. 하지만 아무리 여러 기준으로 구분 지어도, 어차피 그 안의 개개인의 개성은 다 다르지 않은가. 특히 사람들 사이의 가장 큰 차이는 '생각'에서 온다. 이 때문에 차이로 인한 갈등은 늘 존재할 수밖에 없다. 대책 없이 낙관적으로 생각하는 사람은, 의심과 비판으로 신중하게 접근하는 사람이 보기에는 불편하다. '좋은 게 좋은 거지'라는 마인드로 다소 소극적인 태도를 가진 사람은, 열정이 가득한 사람이 봤을 때 답답하다. 반대로 전자가 후자를 볼 때는 '굳이 저렇게까지?'라는 마음이 들 것이다. 이런 차이는 유전자로 설명할 수도 있겠지만, 상당 부분은 저마다 다른 '인지 도식'에서 기인한다. '스키마Schema'라고도 부르는 인지 도식은 우리가 외부의 경험을 받아들일 때 일관되게 쓰는 특정한 방식을 가리킨다.

사람이나 사건에 대한 정보를 받아들이는 일종의 프로그램인데 정서, 인지, 행동이 하나의 세트처럼 이루어져 있다. 고정되어 있기 때문에 다양한 경험을 받아들이는 데 있어서 정형화된 패턴을 보인다. 누구나 스키마를 가지고 있고, 이것이 사람들의 성향 차이를 만들어내는 핵심 요소이다. 즉, 같은 경험을 했을지라도 서로 다른 감정을 느끼고, 다른 생각을 하고, 다른 행동반응을 보이는 이유를 이 스키마로 설명할 수 있다.

스키마는 세상을 대하는 방식이기 때문에, 살아가는 데에 상당한 영향력을 행사한다. 스키마를 깨부수고 그 범위를 벗어난 선택을 하는 일은 많지 않다. 의심이 많은 사람은 계속해서 의심하는 습관이 있고, 낙천적으로 해석하는 사람은 시간이 지나도 세상을 대체로 낙천적으로 받아들인다. 스키마는 어린 시절의 핵심적인 경험과 관련이 깊어서, 어릴 때 버림받은 경험으로 큰 상처를 입은 사람은 누구를 만나도 자신이 버림받을 거라는 생각을 떨치기 힘들다. 그래서 두려움을 느끼고 방어적으로 행동하거나, 반대로 과도하게 집착하는 행동을 보인다. 하지만 어렸을 때 충분한 신뢰를 쌓았다면 성인이 되어서도 세상에 신뢰를 보이며 정서반응, 행동반응을 할 가능성이 크다.

사랑을 할 때에도 마찬가지로 스키마가 작동한다. 영화화된 소설《미 비포 유》는 여주인공 루이자가 전신마비 환자의 임시 간병인으로 가게 되면서 일어나는 사랑 이야기를 다룬다. 맏이인 루이자는 어릴 때부터 아르바이트를 하며 가족의 생활비를 벌어왔고, 마땅히 그래야만 한다는 생각으로 자신의 꿈도 접었다. 간병인으로 일하게 된 것도 오랫동안 아르바이트를 했던 카페가 갑작스럽게 폐업하면서 생활비가 급해졌기 때문이었다. 선택의 여지가 없었다.

그런데, 자신이 돌보는 전신마비 환자 윌이라는 인물과 사랑에 빠진다. 작은 사건들을 통해 서로를 이해하고 가까워지는 과정이 충분히 그려져 있음에도, 나는 그녀의 스키마가 작동했음을 감지했다. 도움이 없이는 어디도 갈 수 없는 남자에게 사랑을 느끼는 그녀의 모습은, 손에 물 한 방울 묻히지 않게 해줄 남자에게 빠지는 것보다 훨씬 그럴듯한 스토리로 보인다. 어릴 때부터 부모와 동생들에게 주기만 하는 입장이었던 루이자에게는 지극히 자연스럽고 아주 익숙한 관계이다. 타인과의 관계에서 희생하고 헌신해야만 안정감을 느끼는 그녀의 스키마를 넘어서지 않는다. 이처럼 스키마는 대인관계에서 특히 강력한 존재감을 보여준다. 자신 주위의 관계 패턴이 겹치는 경우가 많은 것도 이 때문이다.

우리는 서로의 미지未知이다

이러한 생각 시스템은 한번 형성되고 나면 좀처럼 변하지 않는다. 이와 관련한 흥미로운 연구가 있다. 7년에서 12년에 걸쳐서 시기별로 어떤 조건들이 행복감에 영향을 주는지 확인하는 것이었다. 결과에 따르면, 연구 종료 시점에 얼마나 행복할지 예측할 때 가장 중요한 요인은 그간 어떤 일을 겪었느냐가 아니었다. 뜻밖에도, 연구를 시작할 당시의 행복감이었다. 연구를 시작할 시점에 자신이 행복하다고 보고한 사람들은 그동안 어떤 객관적인 사건을 경험했는지에 큰 상관없이 연구 종료 시점에도 행복감이 높았다. 그러니까, 행복감에 영향을 주는 것은 소득이나 지위 같은 외부조건이나 구체적인 경험이 아니었다. 그런 것들을 우리가 어떻게 다루느냐, 받아들이느냐와 관련한 것이다. 이런저런 결핍에도 불구하고 긍정적으로 해석하는 데에 익숙한 사람들은 시간이 지나도 여전히 쉽게 비관하지는 않는다. 시간이 지나도 잘 변하지 않는 생각의 방식, 행동양식을 심리학자들은 '개성'이라는 말로도 표현한다. 행복감과도 떼어놓을 수 없는 이 고정된 패턴은 개개인의 고유한 것이다. 이렇게 고집스러운 스키마, 즉 세상을 대하는 방식은 개인만의 기질과 경험에서 생겨난 것이기 때문에 단순하게 정의할 수는 없다. 누구도 타인과 완전히 똑같은 경험을 할 수 없을뿐더러 그것을 감히 다 안다고 할 수도 없지 않은가. 그런 면에서 우리 한 사람 한 사람은 특별하고 또 미스터리한 존재다.

티베트 불교의 구도자 파드마삼바바가 죽음에 관해 깨달은 가르침이 담긴 《티벳 사자의 서》라는 책을 두고, 칼 융은 이런 해설을 붙였다.

〈티벳 사자의 서〉는 그것에 대해서 어떤 해설을 쓰더라도 '닫힌' 책으로 시작해 '닫힌' 책으로 남는다. 왜냐하면 그것은 다만 영적인 이해력을 가진 사람에게만 열리는 책이기 때문이다.

– 파드마삼바바, 《티벳 사자의 서》 중에서

누구도 죽음에 대한 체험을 가진 사람은 없다. 적어도 이 세상에는. 그래서 융은 삶을 다룬 여느 책들과 다르게 이 책은 끝내 '닫힌 책'으로 남는다고 말하는 것이다. 사람을 책에 빗댄다면 이렇게 생각해볼 수 있을 것 같다. 타인과 똑같은 경험을, 똑같은 스키마로 경험한 사람은 아무도 없다. 사람은 저마다 다른 기질을 가지고 태어나, 결코 동일할 수 없는 각자의 경험을 받아들이며 자기만의 세계 속에 살아간다. 그래서 우리는 서로에게 '닫힌 사람', 즉 미지未知로 시작해 끝끝내 다 알지 못한다. 우리는 타인을 절대로 '안다'고 단정 지을 수 없다. 그런데 우리가 몇 가지 기준으로 사람을 분류하고, 섣부른 선입견을 호오의 근거로 삼는 것이 서로를 더욱더 닫힌 관계로 만들고 있지는 않을까.

단테의 《신곡》 중 지옥 편에는 '디스'라는 악마들이 사는 도시가 등장한다. 단테와 길을 안내하는 베르길리우스가 디스의 문으로 향했을 때 악마들은 그들이 들어가는 것을 허락하지 않고 문을 닫아버렸다. 단테는 여지를 주지 않고 안에서 막아버린 곳을 지옥으로 보았다. 누구도 들어올 수 없게 닫아건 마음은 지옥의 모습을 닮았다. 우리가 한 사람을 가까이 두고서도 마음을 열지 않는 한, 그 마음은 어둠이다. 닫혀 있는 채로 열고 싶은 마음조차 남아 있지 않을 때 그것은 지옥이 되고 폭력이 되는 것 아닐까.

사람과 사람의 만남은 상호적이다. 우리는 무수한 '다름'을 마주하며 반가워하기도, 당황하기도, 놀라워하기도 한다. 그 안에서 얻는 뜻밖의 즐거움은 다양한 나를 알아가는 것이다. 어떤 사람을 만나느냐에 따라 다르게 발현되는 내 모습을 발견하고, 때로는 몰랐던 나 자신의 한계를 아프게 알아가기도 한다. 가능성의 존재들은 만남을 통해 비로소 조금씩 드러나고 깨어나는 것이다. 그렇기에 나와 다른 사람을 만난다는 것은 아주 낯설고 두려운 일인 동시에 예상치 못한 즐거움을 숨기고 있다. 다만 찬찬히 이해하고 알아가는 시간이 필요할지도 모른다. 그리고 굳게 닫아건 문을 열어두어야만 한다. 누군가의 시선과 손길이 들어올 작은 틈을 마련하는 것이다. 그 틈은, '로미오와 줄리엣' 이야기의 원형인 퓌라모스와 티스베가 서로 대화와 사랑을 나누었던 돌벽의 작은 틈처럼, 깊은 연결을 가능하게 할 것이고 서로를 하나로 이어지게 할 것이다. 이렇게 작은 틈만 허락되어도 깊게 연결될 수 있는 게 사람과 사람이다. 그때 사람은 타인과 타인으로 남지 않고 '우리'로 연결된다. 충분히 서로를 알아갈 수 있다. 하지만 이 틈조차 허락하지 않으면 슬프게도 끝내 '닫힌 사람'으로 남을 수밖에 없다.

나와 다른 이 없이는 진정한 나를 알 수 없다는 사실, 섣불리 다 이해하려는 성급함이 오히려 더 큰 차이를 만들어버릴 수 있다는 사실을 곱씹어본다. 우리는 절대로 타인에 대해서 다 알 수 없다. 한 사람을 온전히 아는 일이 어마어마한 시간과 관심으로도 어렵다는 것을, 평생 동고동락한 나 자신의 배신을 통해 충분히 깨달았지 않은가. 다름을 핑계 삼아 타인과 나를 이쪽과 저쪽으로 나누지 않고, 오히려 그 다름으로 인해 '만남'에서 새로운 이해가 생겨날 때, 그것을 우리는 조심스럽게 함께하는 기쁨이라고 할 수 있지 않을까. 그렇기에 우리, 지레짐작하지 말고 서로를 호기심 어린 눈빛으로 바라보자. 또한 아무리 도망치고 숨고 싶은 순간에도 상대를 향한 '틈'만큼은 남겨두자. 그것이면 충분할 테니까.

대인관계로 인한 피로감은 몸과 마음의 에너지를 고갈시키고 만성피로에 시달리게 한다. 나의 경우, 타인과의 소통 혹은 관계 자체에서 불편을 느낄 때 자주 겪던 내적 갈등이 있었다. 내가 너무 예민한 것인지, 아니면 상대방이 원인을 제공하는 것인지, 그러니까 이것이 나의 문제인지 타인의 문제인지 쉽게 판단이 서지 않는 것이다. 또는 더 지혜롭게 조율해갈 여지가 있는 문제인지, 혹은 그대로 내버려두는 게 좋을지 섣불리 판단할 수 없었다. 마치 내가 어떤 일로 '힘들다'고 느낄 때, 이게 엄살인 걸까 아니면 이 일은 정말 무리인

걸가 갈등하던 것과 비슷했다. 어쨌거나 중심을 잡지 못하고 또 기준이 없으면 금세 망가져버릴 수도 있는 일이 대인관계 문제인 것은 사실이다. 나와 타인 사이에서 균형을 잡는다는 건 시소를 타는 것처럼 간단한 문제는 아니다.

타인과 나 사이의 거리

요즘 서점가에는 '나를 찾자' '나부터 챙기자' '내가 먼저 다'와 같은 메시지를 건네는 책들이 많이 보인다. 다수의 공감을 사는 걸 보면 아무래도 많이들 지쳐 있나 보다. 아닌 게 아니라, 집단주의가 강한 동양의 문화에서는 개인이 목소리를 내는 것이 자칫 무례하게 여겨지기 쉬워 그로 인한 우울감이나 혼란이 많다고 한다. 심리적 에너지가 바닥났을 때엔 본능적으로 '아, 나부터 돌봐야겠다' 하는 깨달음이 올 수밖에 없다.

그중에서도 화살을 늘 자신에게 돌리는 데에 익숙한 사람들은 계속해서 마음에서 해답을 찾으려 한다. 모든 게 내 탓이니 마인드컨트롤을 통해 잘 대처해보려는 노력이다. 하지만 종교나 매체에서 모든 건 마음에 달려 있으니 마음을 고쳐먹으라는 조언을 준다고 해도, 모든 걸 마음의 문제로만 귀착시킬 수 없는 이유가 있다. 때때로 정말 감당하기 어려운 타인이 존재하기 때문이다. 어떤 지혜나 단단함으로도 건강한 관계를 유지하기가 곤란한 사람이 분명히 있다. 피하는 것밖에 답이 없는 그런 상황이다. 특히, 경계를 계속해서 침범하는 사람, 좀처럼 거리가 조율이 되지 않는 사람과는 안정된 관계를 유지하기가 어렵다. 그런 극단적이고 예외적인 상황까지 모두 마음의 문제로 돌린다면, 자신의 나약함과 어리석음을 스스로 비난하다가 끝끝내 쪼그라들지는 않을까. 아무리 협력과 조화가 중요하다고 해도 나 자신을 건강하게 지켜내지 못한다면 소용이 없으니, 나부터 챙기라는 조언을 명심해야 하는 건 분명해 보인다.

그러면서도 한편으로는 그 조언을 빌미로 타인과 어울리기 위한 조금의 고민도 품지 않으려는 것은 아닐지 걱정이 된다. 타인과 나 사이에서 발생하는 약간의 불편도 허락하지 않는다면, 그것이야말로 결과적으로 큰 행복을 놓치는 일이 될 테니까 말이다. 사람보다 기계가 낫다며, 혹은 동물이 더 좋다며 사람과의 연결을 거부한 채 전자기기나 반려동물과만 밀착되어 있는 모습은 진정한 연결이 아니라 도피에 가깝다. 피하는 것은 답이 될 수 없고, 미련하게 겪어내는 것도 좋은 방법이 아닐 때에 어쩔 수 없이 우리에게 필요한 건 경험과 지혜다. 스쳐 가는 인연이 아닌, 가깝고 지속적인 관계를 위해서는 더더욱 그렇다. 오래 함께하고 싶기에 더 필요한 것이 관계의 기술이다.

우리는 고정된 상태로 만나지 않았다

지속되는 관계에서 간과하기 쉬운 사실이 있다. 그것은 너도 나도 끊임없이 변해가는 존재라는 사실이다. 우리는 쉽게 타인을 정의하곤 한다. '저 사람의 성격은 이렇다' '쟤의 단점은 이거다' '저 인간은 저래서 문제다.' 그렇게 한두 가지 특징으로 정의를 내리는 것은 한 사람을 고정된 무엇으로 여긴다는 것이다. 하지만 만물은 어느 하나 고정불변한 것이 없다. 그중에서도 인간의 마음은 얼마나 변하기 쉬운지. 미국의 신경심리학자 릭 핸슨은 이러한 사실을 뇌신경학적 측면에서 설명한다. 우리 마음의 기저는 불안정한 신경계로부터 비롯한다. 의식을 이루는 전전두엽은 1초에도 몇 번씩 변화하고, 생각에 개입하는 신경망의 흐름은 일시적인 조합의 산물이라는 것이 그의 설명이다. 초 단위로 끊임없이 변화를 겪어내고 있다.

만물은 변화한다. 그것이 외부 세계의 실재하는 우주적 성질이요, 내적 경험의 실질이다. 따라서 살아 있는 한 평형의 교란은 끝날 수 없다. 그러나 생존을 위해 뇌는 끊임없이 강물을 멈추려 하고, 동적인 시스템을 안정시키기 위해 투쟁하며, 다양한 세계 속에서 고정된 패턴을 찾기 위해 힘쓰며, 변화하는 환경 속에서 영구한 계획을 만들어 내려 한다. 그 결과 우리의 뇌는 바로 지금 지나간 순간을 쫓을 수밖에 없으며, 그 순간을 이해하고 조정하려 한다.

— 릭 핸슨, 《붓다 브레인》 중에서

외부 환경의 자극 속에서 마음은 계속 균형을 유지하려고 한다. 마치 거친 바다에서 파도를 타는 서퍼와 같다. 파도에 휩쓸려 허우적대기도 하고, 여유 있게 파도를 타기도 하고, 잔잔함에 익숙해지기도 했다가 또 예상치 못한 일로 당황해하며 힘을 줬다 빼기를 반복한다. 그러면서도 균형을 회복하기를 멈추지 않는다. 포기하는 순간 깜깜한 수면 아래로 가라앉아버리기 때문이다. 그러니까 개개인은 늘 변해가고 있다. 우리는 정적인 상태로 만나지 않았다. 나 자신도, 타인도 변화하는 상태이며 그 와중에 만남과 헤어짐이 발생한다. 그렇기에 변해가는 '나'와 '너'가 어느 시점에 마주하게 되었는가는 무척 의미 있는 정보다. 즉, 내가 어떤 환경에 놓여 있을 때, 어떤 관심사에 빠져 있을 때, 어떤 밀도와 어느 정도의 비율로 어둠과 밝음을 지니고 있을 때 너를 만났는지가 모두 모여 만남에 영향을 주는 것이다. 그런 요인들이 섞여 화학 작용을 일으킨다. 그리고 계속해서 변화해가기 때문에 그에 맞추어 관계성도 변화해가야 하는 것이다.

이러한 본질적인 사실을 받아들이지 않는다면 충돌을 피할 수 없다. 일방적인 기대와 실망, 그리고 불협화음이 끊이지 않을 것이다. 그로 인해 결국 모두와 멀어지겠다는 결심을 하게 될지도 모른다. 그런 이들에게 타인은 나의 에너지를 고갈시키기만 하는 존재이니까.

나도, 저 사람도 고정된 존재가 아니라는 것을 곰곰이 생각해보자. 학창 시절 좋아했던 첫사랑을 20년이 지난 후에 만나, 변함없이 설렘을 느낄 수 있을까. 그때의 마음처럼 영원히 함께하고 싶은 마음이 들까. 결혼한 지 10년 넘은 부부가 배우자에게 연애 초기의 사랑의 방식을 요구할 수 있을까. 그뿐인가. 이제 막 말문이 트인 어여쁜 아기는 엄마에게 더할 나위 없는 기쁨과 환희를 준다. 하지만 20년 뒤에도 그런 존재일까. 아이는 그때 기쁨을 준 것으로 제 몫을 다했는지도 모른다. 성인이 된 자녀에게 여전히 아이처럼 자신만 바라보며 웃어주기를 바랄 수는 없는 것이다.

사람이 변하니 관계가 변하는 것은 당연하다. 한없이 기쁨이 되었던 관계도 영원히 그러리라는 보장은 없다. 단단해졌다가 느슨해졌다가, 사랑이었다가 우정이었다가, 또 그들만의 관계로 변해갈 것이다. 아무리 단단한 관계도 서로 의식하여 배려하지 않는다면 언제든 멀어지거나 갈등을 빚을 수 있다. 마찬가지로 지금 아무리 날카롭게 대립하는 관계도 시간이 지나면 전과 같지 않을 수 있다. 나와 너, 그리고 우리가 변하고 있다는 사실을 받아들이지 못한다면 그것이야말로 큰 위기를 가져오는 원인이 될 것이다. 이 사실만 가슴 깊이 받아들여도 사람 간의 문제에 집착하기보다 한 걸음 떨어져서 관계를 바라보고 대처할 방법을 찾아갈 수 있다.

나를 살리는 타인

현대사회에서 많은 이들이 '사람'에 대한 피로감을 토로하지만, 사실 가장 큰 에너지 또한 사람 사이에서 생성된다. 평범한 일상에서는 실감하기 어려울 뿐이다. 사람과 사람의 만남에서 만들어지는 강력한 힘은 위기의 상황에 빛을 발한다. 죽을 위기를 건널 수 있게 도와주는 것도 사람이라고 입을 모으는 이들이 있다. 어떤 종류든 상실을 경험하고, 삶의 어려움에 맞닥뜨린 사람은 대부분 마음 깊은 곳에서 연결에 대한 강렬한 열망을 품는다고 한다. 본능적으로 다른 사람과 연결되고자 하는 이 열망은, 내가 죽을 것만 같은 위기감을 느낄 때 필사적으로 갖게 되는 마음이다. 살아야 하니까 붙잡아야 하는, 사람이라는 밧줄을 찾는다.

현재 페이스북의 최고운영책임자인 셰릴 샌드버그는 미국 경제전문지 〈포브스〉가 선정한 영향력 있는 여성에 오르기도 했다. 남부러울 것 없는 삶을 살고 있었지만, 시련은 예고 없이 찾아왔다. 가족과 평화로운 일상을 보내던 어느 날 남편의 갑작스러운 죽음을 맞게 된 것이다. 그녀는 완전히 무너져버렸고, 특히 두 자녀가 앞으로 다시는 행복을 느끼지 못할 것 같은 두려움으로 괴로워했다. 그녀의 저서에는 그때의 상실감과 고통, 그리고 그것을 점차 극복하는 이야기가 실려 있다. 그런데 그 극복 과정의 면면에 '사람'이 있다.

우선 그녀의 친구이자 심리학자인 애덤은 산산이 부서진 내면을 다시 일으킬 수 있는 회복탄력성에 대해 이야기해주기 시작했다. 회복탄력성이란 자신을 무너뜨리는 상실과 시련을 경험했을 때, 그 역경에 대처할 수 있는 마음의 힘이다. 더 쉽게는, 마음이 다시 기쁨을 되찾을 수 있는 능력이다. 이는 신체의 근육처럼 단련하여 키울 수 있다. 회복탄력성을 통해 삶을 포기하지 않고 다시금 발을 내딛게 된다. 그런데 이 회복탄력성은 타인의 지지를 받을 때 더 든든해지고 잘 발현된다. 즉, 위기의 순간에 그 시기를 건너갈 심리적 돌파구가 주변 사람의 도움을 통해 훨씬 안전하게 형성되는 것이다. 실제로 셰릴은 비슷한 경험을 공유한 다른 사람들과 이야기를 나누며 점차 회복할 수 있었다. 단순한 위로 덕분이 아니라, 깊은 연결감을 통해서였다. 그래서 비극을 겪은 이들에게 절실한 것은 공동체이다. 그녀 또한 자신이 직접 경험함으로써 이를 실감했고, 이제는 다른 이들이 그 위기를 잘 넘어갈 수 있게 '함께' 회복탄력성을 구축하는 일에 정성을 쏟고 있다.

회복탄력성은 개인뿐만 아니라 사람들 사이에서, 즉 이웃, 학교, 도시, 정부에서도 형성된다. 사람들이 회복탄력성을 함께 구축할 경우 개개인은 더욱 강해지며, 장애를 뛰어넘고 역경을 예방할 수 있는 공동체를 형성하게 된다. 집단 회복탄력성은 단순히 희망을 공유하는 수준을 넘어서 공동체의 경험과 서로 공감하고 위로해주는 든든한 공동체까지 가지 않아도 좋다. 이렇게 생각해보자. 너무나 갑작스럽고 말도 안 되는 일에 맞닥뜨렸을 때는 다른 사람의 도움을 받을 힘조차 나지 않을지 모른다. 오히려 '왜 하필 나에게만!' 하면서 삶을 비관하는 것밖에는 어떻게 할 도리가 없을 수도 있다. 하지만 너무나 괴로운 그 순간에 원망할 존재조차 없다면, 하소연할 상대조차 없다면 더욱 절망으로 파고들지 않을까. 어떤 시기는 누군가를 미치도록 욕하고 원망하며 그 증오와 오기로 살아가는 사람도 있을 테니까. 균형을 잡지 못하고 감정의 화살을 죄 없는 타인에게 돌리는 것도 어떻게든 그 순간을 살아보려는 발버둥일지도 모른다. 그걸 서로 감내하며 우리는 버티고 있는 것이다. 그렇게 사람이 서로의 생명을 지탱해주고 있음을 깨닫는다.

이제 우리의 관심 주제인 행복으로 다시 돌아오자. 만남, 그리고 수많은 관계 속에서 에너지가 고갈되지 않으면서 기쁨을 늘려가는 방법은 무엇일까. 로봇과의 관계로 도망치지 않기 위해 우리가 시도해볼 수 있는 기술에는 무엇이 있을까.

한 가지 방법은 불교 수행과 뇌신경학의 교집합에서 인간을 살펴본 책 《붓다 브레인》에서 찾았다. 그것은 다름 아닌 내면으로 시선을 돌리는 것이다. 저자의 설명에 의하면, 어떤 사람은 기질적으로 대인관계에서 더 민감하게 영향을 받을 수 있다. 뇌의 중앙 지점에 다중적인 사회-정서 능력을 관할하는 네트워크가 존재한다고 보는데, 이 부분이 바로 정서적인 반응을 일으키는 중요한 인간관계에 의해 활성화된다. 그런데 이 부분이 다 똑같은 정도로 반응하는 게 아니라, 같은 자극이 들어와도 더 민감하게 반응하는 사람이 있고 상대적으로 무딘 사람이 있는 것이다. 저자는 밀접한 관계 안에서 불편감이나 거부감이 들 때는 자신의 내적 경험에 집중해보라고 조언한다. 이렇게 해보는 건 어떨까. 스트레스가 인식이 되면 의식적으로 자신의 호흡을 관찰하고 내면에서 어떤 일들이 일어나는지 관찰하는 것이다. 나의 감각적인 시선을 타인에게서 내 안으로 전환하는 것이다. 그러면 내가 여전히 잘 존재하고 있음을 확인하면서 부정적인 충동을 막을 수 있다. 그렇게 순간을 유연하게 넘길 수 있는 것만으로도 큰 위기에 노출되지 않는다.

그리고 또 하나. 다양한 사람만큼의 다양한 이해 기술을 늘려보기를 권한다. 피하지 않는 것만으로도 가능하다. 살아가면서 늘 새로운 관계를 형성하게 될 것이고, 내가 통제할 수 없는 무수한 경우의 수가 있을 것이다. 내가 그 다양한 사람을 모두 지혜롭게 대할 수는 없겠지만, 무작정 겁내거나 피하지 않고 대면해보면 이후의 상황은 달라진다. 만남을 통해 이해의 폭을 늘리고 더 세분화할 수 있다. 축구에서 다양한 상황에 대해 훈련하고 기술을 몸에 익히면 실전에서 큰 무리 없이 돌파해나가는 것과 같다. 어렵다고 생각했던 사람이나 관계도 내가 적절히 반응할 수만 있다면 왜 굳이 미리 두려워하고 무리하게 힘을 쓰겠는가. 다만, 그런 능력을 키우기 위해서는 사람을 만나볼 수밖에 없는 것이다.

수많은 사람 사이에서 스트레스를 받지 않고 행복을 유지하는 일. 서로가 서로에게 긍정적인 정서를 촉진하는 일. 이것은 분명히 많은 사람에게 어렵고 중대한 문제이다. 그만큼 단순하지 않고, 어떤 문제보다 해답을 찾기 어렵다. 누군가 대단한 원칙이나 조언을 알려준다고 해도 변수는 엄청나게 많다. 이런 문제일수록 하나의 답을 찾으려는 것을 경계해야 한다. 충분히 경험하고 자신만의 지혜를 늘려갈 수 있다면 좋겠다. 평생 시행착오를 겪을지라도 분명히 나아지는 것은 있다. 여전히 어렵지만 그럼에도 불구하고 여전히 '함께' 행복할 수 있을지를 고민하는 사람이 늘어나면 좋겠다. 로봇과만 소통하는 미래가 오지 않기를, 혹은 말 못하는 동물이 인간보다 낫다며 애써 위안하는 빈곤한 마음이 되지 않기를 바란다.

Chapter 3.

행복이 머무는
성숙한 사랑

사랑은 삶을 버티게 한다

"당신이 나를 더 좋은 사람이 되고 싶게 했어."

이것은 사랑 고백이다. 영화 〈이보다 더 좋을 순 없다〉에 나오는 대사로, 괴팍하고 까탈스러운 성격의 남자 주인공 멜빈이 사랑하는 여인에게 어렵게 건넨 진심이다. 자신의 한계를 넘어서고 결점을 극복해보고 싶다는 뜻이며, 당신으로 인해 달라지고 싶다는 의지를 담고 있다. 그래서 이 고백은 "사랑해"라는 말을 대신하기에 충분하다. 멜빈의 마음처럼 사랑은 기꺼이, 스스로 더 나은 사람이 되고 싶게 한다. 완고함을 녹이고, 겸손하게 한다. 그러면서 자연스럽게 자신이 갈 수 있는 최고의 지점에 가보고 싶어진다. 가장 멋진 모습으로 그 사람 옆에 있고 싶어진다. 적어도 지금의 나보다는 더 좋은 사람이 되고 싶어진다.

사랑은 그렇게 더 나은 사람으로 성장하게 하고, 그러면서 동시에 휴식이 되어주고, 또 사람들을 조화롭게 하며, 심지어 마음을 치유하기도 한다. 그러니까 행복의 기술 모두가 집약되어 있다고 볼 수 있다. 그런 면에서 사랑은 행복으로 향하는 마스터키 같은 것이다. 물론 '잘' 하기만 한다면 말이다.

하지만 가장 좋은 것은 가장 나쁜 것 또한 포함할 수밖에 없는 법이라, 한 사람을 파괴하고 완전히 무너뜨릴 수 있는 것 또한 사랑이다. 망가진 사랑의 모습은 데이트폭력, 스토킹, 사생팬, 가정폭력 등이 보여준다. 그뿐만 아니라 자식 사랑을 앞세워 아이들의 흉악한 범죄를 덮어버리려 하고, 좋은 대학에 보내기 위해 부정도 서슴지 않는 황당한 모습들도 보인다. 그야말로 고장 난 사랑이다. 그래서 시인 에밀리 디킨슨은 이미 오래전에 이렇게 조언했다.

사랑이란 존재하는 모든 것
우리가 사랑에 대해 아는 모든 것

그거면 충분해,

하지만 그 사랑을 우리는

자기 그릇만큼밖에 담지 못하지.

– 에밀리 디킨슨, 〈사랑이란 이 세상의 모든 것〉 중에서

어른의 사랑에 비극이 많은 것은, 사랑을 담아낼 그릇의 크기가 나이에 비례하지는 않기 때문이다. 배우고 다듬고 고민하면서 숙성되지 않으면 안 되기 때문이다. 계산이 빨라지고 욕심이 늘어가면서도 마음의 그릇은 오히려 작아지는 사람이 넘쳐나는 세상이니까. 그래서 우리는 어른들에게서 배울 수 없는 것을 오히려 어린아이로부터 배울 수도 있다.

열 살 소년의 사랑법

내가 아는 어린아이 중에도 멋진 사랑의 기술자가 있다. 또한 그는 행복의 모범생이기도 하다. 이름은 모모. 열 살짜리 남자애다. 비록 자신을 둘러싼 조건이 결핍투성이일지라도 그는 행복을 선택하며 살아가는 영민한 아이다. 로맹 가리의 소설 《자기 앞의 생》의 주인공인 이 소년은 세 살 무렵에 로자 아줌마에게 맡겨졌고, 부모가 누군지도 모른다. 과

거에 창녀였던 로자 아줌마는 나이가 들어서 창녀들의 아이 혹은 모모처럼 돌봄이 필요한 아이들을 봐주며 살아가고 있다.

모모가 사는 곳은 아주 가난한 동네다. 이민자, 창녀, 가족 없는 노인, 밑바닥 인생을 살아가는 사람들이 모여 있다. 고아로 살아가는 모모는 외롭고, 언제 빈민구제소에 끌려갈지 모르는 처지이지만, 결코 자신의 불행을 비관하지 않는다. 하루는 강아지에게 마음을 빼앗겨 집으로 데려와서는 '쉬페르'라는 이름을 지어준다. '최고'라는 뜻이다. 아마도 자신의 허전함을 채워줄 대상을 만난 느낌이었던 것 같다.

하지만 그는 쉬페르에게 해줄 수 있는 것이 별로 없었다. 가진 게 없었고, 로자 아줌마의 집에 얹혀사는 처지였다. 사랑이 커질수록 자신의 부족함도 더 커보였다. 자신은 쉬페르에게 최적의 환경을 제공해줄 수 없다는 것을 인정해야만 했다. 결국 모모는 부유하고 착해 보이는 사람에게 쉬페르를 보낸다. 그리고 개를 준 대가로 받은 돈은 곧바로 던져버린다.

쉬페르가 감정적으로 내게 점점 더 큰 비중을 차지하게 되자.

나는 녀석에게 멋진 삶을 선물해주고 싶어졌다. 가능하다면 나 자신이 살고 싶었던 그런 삶을. (중략) 내가 이 말을 하면 안 믿을지도 모르겠지만, 나는 그 오백 프랑을 접어서 하수구에 처넣어버렸다. 그러고는 길바닥에 주저앉아서 두 주먹으로 눈물을 닦으며 송아지처럼 울었다. 하지만 마음만은 행복했다.

— 로맹 가리, 《자기 앞의 생》 중에서

쉬페르에 대한 모모의 사랑은 소유욕도 이기심도 아니었다. 자신의 외로움을 채우기 위해서라면 끝까지 자신이 데리고 있을 수도 있었다. 그는 강아지의 입장에서, 자신이 주어야 하는 것이 무엇인지 고민했다. 그리고 행동으로 옮겼다. 그것이 비록 자신에게 큰 슬픔이 될지라도. 그는 강아지를 사랑한 것과 마찬가지로 로자 아줌마와 이웃 할아버지에게도 필요한 사랑을 주기 위해 노력한다. 하밀 할아버지는 모모가 궁금한 것이 있을 때마다 늘 찾아갈 수 있는 친구였다. 가족도 없이 외롭게 살아가는 하밀 할아버지가 이제는 너무 늙어버려서 차츰 기억을 잃어버리자, 모모는 그를 찾아가 이름을 부른다. 할아버지를 사랑하고 그의 이름을 아는 사람이 아직 있다는 것을 상기시켜주기 위해서였다.

그뿐만 아니라 자신을 돌보아주던 로자 아줌마가 죽음을

맞이하는 순간에 그는 고민한다. '사랑하는 로자 아줌마를 위하는 것은 무엇일까?'라고. 그는 그녀의 대소변을 받아주고, 아름다운 모습을 지켜주기 위해 화장을 해준다. 또한 로자가 외롭지 않도록 끝까지 곁에 머문다. 열 살짜리 아이가 이렇게 사랑을 고민하고 행동으로 보여주는 모습은 어른들의 이기적인 사랑을 부끄럽게 만든다.

　어린 모모가 이렇게 성숙할 수 있었던 것은, 로자 아줌마와 하밀 할아버지를 포함한 주변 사람들이 있었기 때문일 것이다. 모모의 주변 인물은 모두 가난과 차별 속에서도 묵묵히 희망을 붙들고 행복을 추구하는 사람들이었다. 그들의 모습을 통해 모모는 충분히 세상에 대한 신뢰를 쌓을 수 있었다. 또한 자신이 진 삶의 무게를 어떻게 지고 가야 하는지를 배우기도 했다. 그가 할 수 있는 최선의 사랑을 하며 행복을 놓지 않기로 했던 것이다. 늘 그렇듯이, 사랑이 사랑을 만들어낸다. 철없는 사랑은 철없는 사랑을 만들어내고, 성숙한 사랑은 성숙한 사랑을 만들어낸다. 소설의 말미에 모모는 이렇게 말한다. "하밀 할아버지가 노망이 들기 전에 한 말이 맞는 것 같다. 사람은 사랑할 사람 없이는 살 수 없다."

삶을 버티게 하는, 정서적 안전기지

모모를 둘러싼 사람들은 그에게 정서적 안전기지Secure-base 의 역할을 해주었다. 안전기지는 애착 대상(주로 엄마)이 아이에게 제공하는 안전감의 기능을 설명하기 위해 캐나다의 발달심리학자 메리 에인스워스가 만든 개념이다. 아이들은 어떤 위험에 처하거나 피로해졌을 때 안전기지를 찾는다. 안전감을 주는 신뢰 대상이 확보되면 외부 세계를 탐색하고 모험한다. 하지만 이 관계 형성에 실패하면 아이는 지적인 호기심이 줄어들고 소극적인 태도를 보이며 무관심해지기도 한다. 따라서 엄마의 보호 속에 있다는 것을 믿는 아이는 호기심이 왕성하고 매사에 적극적이다. 안정적으로 애착 형성에 성공한 양육자는 아이에게 암묵적으로 이런 메시지를 주게 된다. '엄마는 너를 믿어. 너는 무엇이든 할 수 있는 아이야. 때로는 실수하고 넘어져도 다시 일어날 수 있어. 그리고 네가 위험할 땐 내가 지켜줄 거야. 그러니 안심해도 돼.'

로자 아줌마와 하밀 할아버지뿐만 아니라 소설 속에 등장하는 다른 이웃들 모두가 모모에게 이러한 역할을 해주었다. 비록 모모의 부모는 아니었지만 충분히 신뢰감을 주었고 애착을 형성할 만큼 일관된 따뜻함을 보여주었다. 그들이 주는 신뢰와 애정을 바탕으로 모모는 성장해나갈 수 있었던 것이다. 자신의 불운한 조건들을 비관하지 않았던 것, 그럼으로써 긍정적인 곳으로 시선을 돌리고 나아갈 수 있었던 것은 분명히 그들이 준 용기 덕택이었다.

정서적 안전기지의 기능은 씻어주고 닦아주는 적극적인 돌봄이 아니다. 격려와 도움이 필요할 때 언제든지 함께하겠다는 믿음이다. 고통이나 무서움을 경험할 때는 위안을 주고, 한결같이 옆에 있어주리라는 약속이기도 하다. 그런 관계 안에서 자라는 아이는 모모처럼 신체적, 정서적으로 건강하게 성장해나갈 것이다.

마찬가지로 어른들의 내적 성장을 위해서도 안전기지는 꼭 필요하다. 신뢰가 충만한 연인이나 친구와의 관계에서 우리는 안정감을 느낀다. 그리고 그 안정감을 바탕으로 다른 영역에서 용기를 내어볼 수 있다. 실제로 연인들은 알게 모르게 서로 이러한 역할을 해주며 상생해간다. 대개 호기심을 가지고 만나는 시기가 지나면, 결점이나 연약한 부분이 드러나기 마련이다. 그때 한결같은 믿음을 보여주고 위안이 되어주면서 단단한 애착관계가 형성된다. 그러면 꼭 24시간 붙어 있지 않아도, 나머지 일상을 그 힘으로 살아낼 수 있다. 목적을 추구하며 새로운 시도를 할 수도 있다.

또 하나, 어른의 삶에서 안전기지가 주는 가장 큰 힘은 '버티는 힘'이기도 하다. 이렇게 생각하면 쉬울 것이다. 신체의 근육을 키울 때는 반복된 근력운동이 필수인데, 윗몸일으키기나 스쿼트를 반복적으로 하다 보면 포기하고 싶은 순간이 있다. 근육이 찢어질 것 같은 통증으로 인내력의 한계를 느낀다. 바로 그때 몇 회 더 해내는 것이 근력을 강화하는 결정적인 힘이 된다고 한다. 그 인고의 버티기가 근육을 키우는 것이다. 포기하고 싶은 순간을 버텨내야만 신체 근육이 늘고 건강해지는 것처럼 마음의 근육도 마찬가지다. 시련이 주는 괴로움을 피하지 않고 충분히 버텨내는 순간, 그 고비를 넘어가는 힘이 길러진다.

그 중요한 순간에 사랑의 안전기지가 되어주는 누군가가 있다면 상대적으로 수월하게 건너갈 수 있다. 다 때려치우고 싶은 수많은 순간에, 사랑하는 애인의 위로 한마디로 건너갈 힘을 얻지는 않는가. 혹은 오늘 하루 겪은 속상함이나 분노, 슬픔을 애인과의 전화 한 통으로 털어버리고 잠들지는 않는가. 그런 방식으로 우리는 위기의 순간을 버텨내고 있는 것이다. 그리고 그런 시간들이 모여서 한 뼘씩 성장하는 것이 분명하다.

결국 연애를 할 때뿐 아니라, 자녀를 양육하거나 심지어 반려동물을 키울 때도 서로에게 정서적 안전기지가 되어줘야 한다. 연인이든 배우자든 자녀든 나로 인해 안정감을 느끼고, 나의 품이 아닌 곳에서도 도전하고 실패하면서 스스로 폭을 넓혀가길 바란다면 말이다. 그러기 위해서는 자신에 대한 객관적인 시선이 필요할 것이다. 자신의 마음을 채우기 위해 상대방을 사랑하면서도, 자신의 부족함은 모른 체하며 나는 상대에게 완벽하다고 생각하는 오만을 저지르지는 않는지 살펴봐야 한다.

허울뿐인 사랑의 모습과, 사랑을 가장한 비극이 넘쳐나고 있다. 하지만 아무리 변질되어간다고 해도 여전히 모모처럼 멋진 사랑을 보여주는 사람들은 늘 존재한다. 누군가는 그 사랑으로 인해 콤플렉스를 가능성으로 끌어올리고, 오랫동안 아물지 않았던 상처를 치유하고, 자신의 한계를 뛰어넘는다. 그래서 만약 당신이 사랑하는 누군가와 함께 있다면, 순간순간 스스로에게 이런 질문을 해보았으면 좋겠다. '그 사람은 나를 더 나은 사람이 되고 싶게 하는가?' 아니, 어쩌면 그보다 이렇게 먼저 물어야 할 것 같다. '그 사람은 나로 인해서 더 나은 사람이 되고 싶어 하는가?'

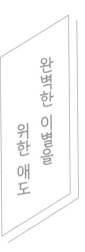

완벽한 이별을 위한 애도

10대 때 가졌던 사랑에 대한 생각은 지금과 사뭇 다르다. 그때 머릿속에 떠올렸던 사랑의 모습은 대부분 처음과 시작에 관한 장면들이었다. '내 운명의 짝을 어떻게 만나게 될까?' '첫 키스의 순간은 어떨까?'와 같은 상상이다. 하이틴 로맨스 소설과 드라마로 배운 소녀의 사랑은 그렇게 낭만이 가득했다.

하지만 경험이 쌓이면서 설렘과 환상이 차지하는 비율은 줄어들고, 다양한 온도를 받아들이게 되었다. 특히 연인 간의 사랑에서, 전에는 몰랐지만 지금은 알게 된 것도 생겼다.

이를테면 사랑을 어떻게 시작하느냐보다 어떻게 지속하느냐가 훨씬 더 어렵고 중요하다는 것. 좋아하는 마음을 강요할 수는 없다는 것. 상대에게 아무 잘못이 없어도 내 마음이 식어버릴 수 있다는 것. 헤어지자고 통보하는 사람보다, 힘드니까 다시 만나달라고 붙잡는 사람이 더 이기적일 수 있다는 것.

사랑만큼 중요한 애도

낭만과는 거리가 멀고 다소 차갑기까지 한 이러한 사실을 몸소 배우는 동안 사랑이라는 단어는 내 안에서 무르익어갔다. 물론 아직도 깨닫지 못한 것이 많고, 계속해서 새롭게 알아가야 할 것이다. 여하튼 분명한 사실은 '현장'에서 알게 된 사랑은 영화나 글로 배웠던 그것과 확연하게 다르다는 것이었다. 그중에서도 내가 전혀 생각지 못했던 점은 헤어짐에 관한 것이다. 이별은 사랑 안에서 내 생각보다 훨씬 큰 부분을 차지하고 있었다. 단지 로맨스에 국한되는 얘기는 아니다. 삶에서 누군가와 헤어져 그를 떠나보내는 일, 의미 있는 사람의 죽음을 맞이하는 '상실'의 경험은 한 인간을 급격히 변화시킨다. 어린 시절 학교에서 반이 바뀔 때마다 겪었던 친구들과의 작은 이별부터, 연인과의 헤어짐, 시간이 흘러 부모나 배우자를 영영 떠나보내는 일까지. 이처럼 크고 작은, 갑작스러운 모든 이별은 우리를 어떤 식으로든 성장시킨다. 그렇기에 사랑하는 사람과의 이별은 무척 중요한 과정이다. 어떻게 이별하느냐는 그다음의 사랑과도 긴밀하게 연결된다.

이런 이유로 사랑에 대해서 배우는 만큼 '애도'에 대해서도 이해할 수 있다면 좋을 것 같다. 애도는 모든 의미 있는 대상을 상실함으로써 겪게 되는 자연스러운 반응, 정신 과정이다. 프로이트 이론으로 잘 알려져 있는 정신분석 심리치료에서는 특히 애도를 중요하게 다룬다. 치료의 목표가 내면에서 의존하고 있는 대상(대부분 부모)을 떠나보냄으로써 얻는 주체성, 자립성이다. 그렇다면 이별은 시련이라기보다 온전한 자아가 되는 결정적 기회인지도 모른다.

애도 과정의 단계는 '부정-분노-타협-절망-수용'이다. 미국의 심리학자 엘리자베스 퀴블러 로스는 이처럼 상실을 경험했을 때 사람들에게 나타나는 공통적인 반응이 있다고 말한다. 이 감정이 동시에 나타날 수도 있고 어떤 단계는 나타나지 않을 수도 있다. 꼭 순서대로 일어나지는 않지만 부정,

분노, 절망을 거쳐야 수용의 단계에 들어설 것이다. 다섯 개의 감정뿐만 아니라, 어릴 때의 미성숙한 정신 상태로 돌아가는 퇴행 현상을 겪을 수도 있다. 이 또한 정상적인 애도 반응 중 하나다. 가장 중요한 것은 이 과정을 충분히 겪어내느냐의 여부다. 스스로에게 슬퍼할 수 있는 시간과 기회를 주라는 로스의 조언처럼, 한동안은 자신의 감정을 충분히 꺼내어둘 필요가 있다. 상실 후에 느껴지는 감정은 기본적으로 괴로움이 지배적이기 때문에 억누르고 싶어진다. 어른이라면 당연히 그래야 한다고 생각할지도 모른다. 누구나 엄살 피우는 아이처럼 보이고 싶지는 않으니까. 하지만 자연스럽게 드러나는 슬픔과 분노를 충분히 느끼는 것은 의미 있는 치유의 과정이다. 그래서 이별 후에 곧장 '사랑 모드'로 전환이 가능한 사람은 오히려 마음이 병들어 있을지도 모른다.

고통은 인정받지 못하면 사라지지 않는다

애도 작업을 제대로 거치지 못하면, 아무리 좋은 사람을 다시 만난다고 해도 관계를 유지하는 데에 어려움을 겪을 수 있다. 새로운 사람에게 줄 수 있는 정서적인 에너지가 제한되기도 한다. 만약 새로운 사람을 만나도 충분히 행복감을 느끼지 못하거나 안정적인 애착 관계를 다시 형성하지 못하고 짧은 만남만 반복한다면 이처럼 '잘 떠나보내는 일'의 숙제를 남겨둔 건 아닌지 살펴볼 필요가 있다. 감정적 고통은 자신의 존재를 인정받지 못하면 절대로 사라지지 않는다. 충분히 해소되지 못한 분노와 우울 등의 감정은 기쁨을 온전히 느끼는 일을 방해할 것이다. 아픈 감정을 충분히 안아주고 정화하여 새 즐거움을 받아들일 수 있어야 한다. 소설가 김형경은 오랜 시간 정신분석 치료를 받으며 깨달은 애도에 대해 이렇게 서술한다.

> 애도과정이란 인간이 경험할 수 있는 감정의 모든 영역을 두루 체험하는 일이기 때문에 그 과정을 지나오면 정서적으로 확장되는 것을 느낄 수 있다. 더불어 삶의 다양한 국면에 대한 이해력이 커진다.
>
> — 김형경, 《좋은 이별》 중에서

더 풍성해진 정서는 다음 단계를 긍정적으로 경험할 수 있도록 도울 것이다. 단지 관계뿐만이 아니라 '삶의 다양한 국면'을 우리는 새로운 마음가짐으로 대할 수 있게 된다는 것이다. 이처럼 상실에 적응한 후에야, 관계에서 즐거움을 받아들이는 능력을 회복한다.

생각해보면 어릴 때 사랑에 대한 환상을 품을 기회는 많았지만, 이별 후의 감정과 처신에 대해서 배울 기회는 적었다. 조언이라고 해봐야 고작 사랑은 다른 사랑으로 잊힌다며 얼른 새로운 사람을 만나라는 정도였다. 그래서 사랑하는 사람과 이별하면서 처음 느낀 괴로운 감정에 적잖이 당황했던 기억이 난다. '나에게 이런 모습이 있었나?'라는 생각이 들 정도로, 스스로도 이해하기 어려운 행동을 하기도 했다. 실제로 개인적·사회적 병리의 많은 원인이, 사랑을 잃거나 의미 있는 대상을 상실한 후 건강하게 처리되지 못한 심리적인 문제에 있다는 얘기도 있다. 그만큼 사람이든 물건이든 애착이 담긴 대상과 분리될 때는 어떤 식으로든 마음을 위한 '의식'이 반드시 필요하다. 일정 시간을 통해 마음이 재정비되고 나면 그제야 새로운 무엇을 시도할 힘도 생길 테니까.

완전한 사랑을 정의할 수 없는 것처럼 완벽한 이별도 없겠지만, 상실의 과정에서 충분히 아파하고 좌절하고 바닥을 치고 다시 발을 디디는 그 모든 감정과 시도를 통해 비로소 이별이 완성되는 것 아닐까. 그렇게 숙성된 마음은 그제야 다시 사랑의 기쁨을 맞을 준비를 할 것이다. 그렇기에 지금 이

별의 아픔으로 힘들어하는 사람들에게 감히 말해주고 싶다. 눈물이 마를 때까지 펑펑 울고, 마음껏 분노하라고. 할 수 있는 한 최선을 다해 격렬히 그 사람을 떠나보내라고. 그것은 열렬히 사랑했던 과거의 자신에 대한 예의이자, 동시에 새로운 사랑을 기다리는 첫 단계가 되어줄 것이다. 언젠가 다시 사랑의 기쁨으로 살아갈 나를 위해 지금 충분히 아파할 수 있길.

조금 손해 봐도, 미워하지 않는 게 낫다

절대 기쁨으로 가닿지 않는 것들이 있다. 설렘이 즐거움이 되고, 그리움은 반가움이 되고, 배려도 기쁨이 될 수 있지만 분노와 짜증, 증오 등은 기쁨에 좀처럼 가까워지지 않는다. 스스로를 괴롭히는 것들은 타인 또한 아프게 한다. 복수가 복수를 낳는다는 말처럼 미움과 분노는 악순환을 반복한다.

상대가 나를 가시 돋친 마음으로 대했는데, 내 쪽에서 너 그렇게 대하기란 물론 쉽지 않다. 나 또한 예외는 아니어서, 미움을 키우는 일에 쉽게 동조하곤 했다. 누군가 툭 내뱉은 말 속에 담긴 빈정댐을 참을 수 없어, 웃으면서 헤어졌다가도 금세 불쾌해졌다. 상대는 이 자리에 없는데도 그 미움을 내가 고스란히 전해 받아 나 자신 안에서 미움을 키웠다.

작은 마음을 큰 그릇으로 받아내는 일

그러다 이십 대의 마지막 즈음에 만났던, 서영은의 단편 소설 〈먼 그대〉의 여주인공 '문자'의 이야기는 생각의 방향을 바꾸는 작은 계기가 되었다. 사무실에서 교정 일을 보는 문자는, 나이 어린 동료들로부터 노골적인 따돌림을 받고 민망할 정도로 면박을 당해도, 또 그들이 퉁명스럽게 대해도 한 번도 기분 나쁜 표정을 드러내는 일이 없다.

나처럼 어떻게 대처해야 할지를 몰라 바보같이 참고 있는 것이 아니었다. 그녀는 타인의 의도가 무엇인지 알면서도 그 것을 비난하려 들지 않는다. 처음엔 미련한 사람이라고 생 각했다. 거의 확신했다. 그런데 그녀의 생각에 다가가보려고 할수록 점점 더 혼란스러워졌다. 하루는, 회사 사람들이 청 소 등 궂은일을 모두 그녀에게 미뤄놓고 퇴근을 했다. 그녀 의 마음은 어땠을까.

'좋다. 그까짓 얼음물에 청소 좀 한다고 손이 떨어져나가는 건 아니니까. 뺄 사람은 빼라지.'

(중략) H출판사 직원들이나 주위 사람들이 보기에 문자는 그저 '죽은 듯이 가만히 있는 사람'으로만 보였다. 그네들은 아무도 문자의 그런 침묵이 '어떤 상황, 어떤 조건 아래서도 나는 살아갈 수 있다'는 절대 긍정적 자신감에서 기인된다는 것을 몰랐다. 더욱이 그 자신감이, 자신들의 키를 훨씬 넘어 아주 높은 곳에 있는 어떤 존재와 겨루면서 몇 만 리나 되는 고독의 길을 홀로 걸어오는 동안 생겨난 것이리라고는 꿈에도 몰랐다.

　　　　　　　　　　　　　　　　　 – 서영은, 〈먼 그대〉 중에서

　소설 전체는 고통을 대면하고 긍정하는 인간의 정신을 그려낸다. 하지만 그렇게 큰 뜻까지 가지 않더라도 문자의 사소한 행동은 분명 내게 신선한 충격을 주고 있었다. 그녀는 다른 이들의 옹졸하고 편협한 태도를 자신의 마음으로 끌어와 노여움으로 만들지 않는다. 모든 주변 인물에게 한 번도 미움으로 되받아치지 않는다. 그녀로 인해 뜻밖에 생각난 것은, 이 소설을 읽기 훨씬 전 성당 신부님과 나누었던 대화이다. 당시 내가 살던 하숙집의 주인아주머니가 쌀쌀맞아서 무섭다는 얘기를 신부님께 한 적이 있었다. 그랬더니 신부님이

해주신 말씀은, 그럴수록 더 웃으면서 인사하고 친절하게 대하는 게 어떻겠냐는 것이었다. 그 이유를 헤아릴 수 있었기에 불가능한 일이라 생각지는 않았지만, 도통 용기가 나지 않아 실행하지는 못했다. 아주머니께서 너무 쌀쌀맞게 말씀하실 때는 반항심 같은 게 일어서 차가운 표정을 지었다. 그러면서 속으로 미워했다. 이런저런 이유로 오래 지나지 않아 하숙집을 옮기게 되었다.

한편, 문자에게는 한수라는 애인이 있다. 그는 유부남이며 늘상 문자에게 돈을 빌려가는 등 필요할 때만 문자를 찾는 이기적인 인물이다. 문자를 소중히 여기지 않기에 상처를 주는 일이 종종 있다. 그런데도 문자는 그를 원망하거나 가시 돋친 말을 쏘아붙이지 않는다. 다만, '그가 나에게 준 고통을 나는 철저히 그를 사랑함으로써 복수할' 것이라며 '나는 어디도 가지 않고 이 한자리에서 주어진 그대로를 가지고도 살 수 있다는 것을 보여줄' 것이라고 다짐한다.

나라면, 설령 행동으로 그러지는 못하더라도 맘껏 미워하고 분노하고 원망했을 것이다. 그녀의 모습이 미련해 보이고 한심하게 느껴지는 것도 사실이었다. 그녀가 주위 사람들의 옹졸한 태도를 핑계 삼아 미움이나 증오를 쌓아올리지 않는 모습을 계속 곰곰이 생각하게 되었던 건 현실과의 괴리감 때문이었다. 현실에서는 그녀의 모습과는 달리, 미움을 더 큰 분노로 키워 상대에게 복수하는 사람이 훨씬 많기 때문이다. 심기가 불편해지면 일단 큰소리부터 치고 보는 사람, 더 크게 화를 냄으로써 기선 제압을 하려는 사람. 그뿐인가. 너도 어디 한번 당해보라는 식의 보복성 언행, 사소한 실수에도 나이나 직급을 내세워 모욕을 주는 일, 제대로 대우를 받지 못했다며 가게 직원을 무릎 꿇려야만 직성이 풀리는 '갑질' 행태 등도 떠올랐다.

이와 달리 그녀의 말처럼 미움이나 고통을 사랑으로 덮는다는 건 어떤 것일까. 그것은 얼마나 거대한 마음이어야 가능한 일일까. 다 알 수는 없지만, 미움의 고리를 끊는 가장 확실한 방법일지도 모른다. 동시에 어느 누구보다 나 자신을 위한 일일지도 모른다는 생각에도 이르렀다. 문자가 궁극적으로 대항하려는 운명은 차치하고서라도, 나는 사람들과의 사소한 마주침 속에서도 얼마나 옹졸하게 행동했던가. 상대의 잘잘못을 따지면서 내 미운 감정이 정당하다고 여겼고, 내가 정당하다고 여겨질수록 미움과 증오는 점점 더 몸집을 키웠다. 내 마음이 협소해지는 만큼 다른 사람의 행동들을 부정적으로 해석했고, 그런 방식은 필히 나를 더 괴롭게 만들었다.

이는 사실 상대의 행동과 내 마음 사이에 간격이 있음을 자각하는 것만으로도 나아질 수 있는 것이었다. 상대가 잘못 행동했다고 해서 내가 즉각 화를 낼 필요는 없었다. 상대의 잘못된 행동에 이의를 제기할 때라도, 감정에 못 이겨 화를 터뜨리는 것과 차분하게 대화를 시도하는 것은 다른 차원이다. 전자는 싸움을 거는 것이지만, 후자는 관계를 개선하려는 의도가 느껴질 것이다. 내가 기분이 상했으니 너도 한번 당해보라며 상대를 찌르는 마음과는 다르다.

신부님이 말씀하신, 미움이나 짜증을 웃음과 친절로 대하는 일은 결코 쉬운 일이 아니다. 머리로는 이해된다 해도, 막상 상황 속에 있으면 날카로운 것을 보드라운 것으로 덮기가 쉽지 않다. 그럼에도 언제나 그걸 해내는 사람들은 존재했다. 분노나 짜증 같은 작은 마음을 더 큰 그릇으로 받아내는 일은 항상 일어나고 있었다. 버스기사의 쌀쌀맞은 말투에 기분 나쁘다는 생각만 하고 있는데, 어떤 청년은 하차하면서 싹싹한 말투로 "감사합니다!" 하고 내린다. 또 대학에서 만났던 한 친구는 단체 활동 중에 불화가 생길 때마다 늘 평화롭게 중재하곤 했다. 많은 이들이 툴툴거리고 남을 지적하기 바쁠 때 특유의 다정한 말투로 대화를 이끌어냈던 친구다. 그러고 보면 어디에서나 화를 더 큰 화로 받아쳐 갈등을 키우는 사람이 있는가 하면, 분노의 감정을 싣지 않고도 조곤조곤 상황을 정리해가며 차분하게 해결하는 사람도 있었다. 때로는 격한 감정적 반응보다 차분하고 다정한 말이 더 강렬한 힘을 발휘한다.

분노의 쳇바퀴를 끊는 법

'분노'라는 것은 발화되는 순간부터 점점 커지기만 할 뿐, 좀처럼 사그라들지 않는다는 특징이 있다. 아킬레우스가 대표적인 예다. 아가멤논과의 불화가 씨앗이 된 싸움은, 아가멤논에게 자신이 사랑하는 여인을 빼앗기다시피 한 아킬레우스의 분노에서 시작되었다. 그가 분노로 인해 전쟁에 참가하지 않자, 친구가 대신 출전했다가 죽임을 당한다. 이에 아킬레우스는 더 큰 분노에 휩싸인다. 친구를 죽인 헥토르를 향해 엄청난 증오가 불타올랐고, 원수를 갚으려 했다. 그러자 어머니는 그를 저지한다. 그때 어머니에게 아킬레우스는 이렇게 말한다.

분노는 현명한 사람도 거칠게 하고, 똑똑 떨어지는 꿀보다 더 달콤합니다. 사람의 마음속에서 연기처럼 커져갑니다. 꼭 그처럼 저도 인간들의 왕 아가멤논에게 분노했지요.

— 호메로스, 《일리아스》 중에서

그는 기어이 헥토르를 죽이고 마차 뒤에 매달아 잔인하게 끌고 다녔다. 분노가 더 큰 분노를 불러와 극악무도한 일로 이어진 것이다. 그런데 이 분노의 쳇바퀴를 끊은 것은 뜻밖에도 헥토르의 아버지인 프리아모스였다. 그는 자신의 아들을 죽인 아킬레우스에게 다가가 무릎을 꿇었고 아들을 죽인 그 무시무시한 손에 입 맞추었다. 그러고는 손을 내밀어 아들의 시체를 돌려달라고 간청한다. 놀랍게도 그제야 아킬레우스는 마음을 누그러뜨리고 휴전을 선언한다. 멈출 줄 모르던 분노를 잠재운 것은 더 강력한 분노가 아니라 결국 프리아모스의 낮은 자세였다.

예기치 못하게 사람들의 짜증이나 격노를 맞닥뜨릴 때가 있다. 여기에 휘말리면 어느새 우리는 기쁨이 전혀 없었던 사람처럼 미움의 쳇바퀴 속으로 들어간다. 이런 감정은 어떤 문제를 해결하지도, 상황을 개선하지도 못한 채 도미노처럼 주위 사람들을 넘어뜨리기만 할지도 모른다. 그래서 분노의 관성을 밀어내는 힘이 필요하다. 먼저 상대의 언행과 나의 감정이 분리되어 있음을 이해해야 한다. 내 감정이 늘 상대의 자극에 좌지우지될 필요는 없는 것이다. 어느 순간에도 나의 마음은 나의 것이다.

개인적으로는, '조금 손해 봐도 기분 덜 나쁜 게 낫다'는 생각이 불필요하게 시시비비를 따지지 않는 데에 도움이 되었다. 대신 내 기쁨을 빼앗기지 않겠다는 다짐을 했다. 저 사람의 어두운 감정에 똑같이 반응하면 그게 더 손해 아닌가 싶은 마음도 있었다. 일희일비하는 사람에게 장단 맞추듯 계속 좌지우지된다면, 즐겁게 보낼 수 있는 시간을 빼앗기는 것일 테니까. 특히 타인이 방어적으로 표출하는 자기애적 분노에 일일이 반응할 필요는 없다. 자기애가 지나친 사람은 자존감이 위협받는다고 느끼면 습관적으로 공격적 태도를 취하고, 상대를 평가절하한다. 타인의 말, 특히 비판과 평가에 지나치게 취약해 과민하게 반응하는 셈이다.

마찬가지로, 자신의 마음에 일어나는 감정이 자기애적 분노가 아닌지도 살펴볼 필요가 있다. 타인과의 관계에서 습관적으로 일어나는 부정적인 반응, 특히 격한 반응은 상대방의 문제가 아닐 수 있다. 상대를 있는 그대로 보지 못하고, '투사'하고 있지는 않은지 시간을 들여 살펴볼 일이다. 투사는 내면에서 받아들이기 힘든 감정을 타인의 것으로 돌려버리는 방어기제의 일종이다. 그렇게 자신을 살펴본다면, 자신이 의도치 않게 불화의 씨앗이 되는 일을 방지할 수 있다. 그러고 보면 학생들을 차갑게 대했던 하숙집 아주머니도 사람들이 자신을 무시할까 봐 두려워서 딱딱한 모습으로 방어한 것일지 모른다. 나 또한, 탑승하는 승객들에게 시선도 주지 않는 딱딱한 표정의 기사님께 인사를 주저하는 건, '받아주지 않을까 봐' 두려워서이다. 하지만, 먼저 반갑게 인사하는 사람에게 누가 과연 기분 나쁘다 할 수 있을까. 설령 당장은 반갑게 받아줄 수 없다 하더라도 말이다.

사람들 사이에 일어나는 감정의 악순환을 키우지 않는 것은 불필요한 감정 소모에 휘말리지 않고 나의 행복 에너지를 지켜내는 일이다. 가시 돋친 감정을 되돌려주지 않고 그냥 지나가도록 내버려두는 것. 내 안에 불쑥 자라나는 감정이 타인을 찔러대기 전에 마음을 살펴보는 것. 그리하여 행복에서 멀어지려 할 때마다 한 발 먼저 성큼 다시 다가서는 용기. 결코 쉽지 않지만, 요즘 같은 분노 사회에 꼭 필요한 행복의 전략이 아닐까.

이유 없이 좋은 것들

일요일 밤이면 '아, 내일 출근하기 싫다' '일하기 싫다'는 생각이 불쑥불쑥 찾아든다. 자연스럽게 월요병으로 이어져, 월요일은 출근길도 퇴근길도 유난히 다른 날보다 더 고되다.

사람들은 대체로 내가 '무엇을' 할 때 스트레스를 받고 불쾌해지는지 잘 안다. 하기 싫지만 해야 하는 일, 원하지 않지만 피할 수 없는 일은 상상만으로도 피로감이 느껴진다. 심지어 그 일을 업으로 하고 있다면 매일이 고통의 연속일지도 모른다. 그렇다면 반대로 '무엇을' 할 때 기분이 좋아지는지도 우리는 잘 알고 있을까. 버트런드 러셀은 행복한 사람의 공통점으로, 그 자체로 즐거운 활동을 지니고 있다는 점을 꼽았다.

> 주변을 둘러보면 당신이 행복한 사람이라고 부를 수 있는 이들은 모두 특정한 것들을 공통적으로 가지고 있다는 것을 발견하게 된다. 이것들 가운데 가장 중요한 것은 대부분 그 자체로 즐거운 활동이다. (중략) 바람직한 목표를 명확하게 지향하면서 그 자체로 본능에 거슬리지 않는 활동이라야 즐거운 것이다.
>
> —버트런드 러셀, 《나는 무엇을 위해 살아왔는가》 중에서

그 자체가 재미있다는 이유만으로 하게 되는 것은 아마도 놀이에 더 가깝지 않을까. 이 행위에 많은 시간을 보낼 수 있다면, 하기 싫은 일을 하는 것보다는 당연히 즐거울 것이다. 대부분의 사람들은 하루에 최소 여덟 시간을 꼬박꼬박 돈을 버는 데에 쓰는데, 그 매일의 일이 내가 좋아하는 활동과 일치한다면 '행복한 사람'에 가장 부합할 것이다. 예를 들어 음악을 좋아하는 사람이 가수가 되는 것처럼 말이다. 무대에서 신나게 노래하는 가수를 보면 '나는 음악을 좋아한다'는 설명 없이도, 자신이 좋아하는 활동이 '일'과 일치하는 것을 느

낄 수 있다. 자신이 좋아하는 것을 즐기면서 하는 모습은 타인에게도 기분 좋은 기운을 내뿜는다.

자신이 좋아하는 활동을 직업으로 삼아 놀이처럼 하는 사람은 얼마나 멋진가. 그렇게 일과 놀이를 일치시키면서 수입까지 충족하는 경우도 드물게 있지만, 이런저런 여건을 포기하고 '그럼에도 불구하고' 좋아하는 일을 하는 사람도 있다. 그렇지만 대다수에게 그 자체로 좋은 일이 직업인 경우는 흔치 않다. 오히려 좋아하는 무언가가 '일'이기 때문에 생기는 고충도 많다. 좋아해서 시작했지만 직업이 되어버린 사실 때문에 괴로워하는 사람도 있다. 오랫동안 〈언니네 이발관〉이라는 밴드로 꾸준히 활동했던 가수 이석원은 데뷔 23년 차에 "좋아하는 음악을 할 수 있어서 행복해하는 수많은 사람들이 있는데, 나는 음악이 일이 되어버린 게 끝내 받아들여지지 않았다"면서, 더 이상 활동하지 않겠다고 공식적으로 선언했다.

좋아하는 무엇이 자신을 괴롭히는 일이 된다는 사실은 슬프다. 그렇기에 좋아하는 행위를 '일'이 아니라 '놀이'로 남게 하는 것은 기술에 가깝다. 놀이가 일이 되어버리기는 쉬워도, 일을 놀이처럼 하기는 어렵기 때문이다.

인정이나 보상에 얽매이지 않는 활동

그렇다면 '일'과 '하고 싶은 활동'이 같지 않기 때문에, 즉 일과 분리되어 있기에 진정으로 즐거운 것이 여가활동의 장점 아닐까. 일과 분리되어 있다는 것은 의무에서 벗어나 있다는 것이다. 타인의 평가에 연연할 필요가 없다는 것이다. 내가 좋아하는 일이 생계와 연결되어 있지 않다면, 잘하지 않아도 되고 굳이 이득과 손해를 계산하지 않아도 된다. 구글의 엔지니어이며 명상연구가로 활동하는 차드 멩 탄은 외부 자극 없이도 기쁨을 느낄 수 있을 때 행복 수준을 높일 수 있다고 말한다. 타인의 인정이나 돈과 같은 '보상'으로 느끼는 기쁨에 익숙하면 수동적으로 움직이게 된다. 하지만 그와 상관없이 자발적인 선택으로 긍정적인 정서를 얻을 수 있을 때 우리는 좀 더 능동적으로 변해가고, 거기서 얻는 기쁨은 일시적인 것에 그치지 않는다.

요시다 다이하치 감독의 영화 〈키리시마가 동아리활동 그만둔대〉에는 영화 만들기를 좋아하는 고등학생이 등장한다. '료야'라는 인물은 영화부 친구들과 좀비 영화를 만들기에 여념이 없다. 커서 감독이 되겠다고 비장하게 꿈을 품은 것도 아니고, 상을 받고야 말겠다는 목표가 있는 것도 아니다. 반 친구들은 관심을 가져주지도 않는다. 오히려 무시하고 비웃는다. 그럼에도 그는 그저 영화를 찍는다. '좀비 영화'가 너무 찍고 싶기 때문이다. 단지 그것뿐이다.

그는 학급 내에서 존재감 없는 인물처럼 그려진다. 하지만 사람들이 하찮다고 여기는 무언가에 애정을 갖고 몰두하는 모습이 그를 반짝이게 만들고 있었다. 그것이야말로 먹고 마시는 것과 같은 감각의 기쁨도, 외부의 인정에 의한 자기 도취적 기쁨도 아닌, 오롯이 자신에게서 나오는 즐거움으로 보였기 때문이다. 그리고 그 즐거움이 료야를 계속 움직이게 하고 있었다.

왜 우리는 뭔가를 하려면 '잘' 해야만 한다고 생각하는 걸까. 잘하고 싶은 것과 잘해야만 하는 것은 다르다. '잘해야 한다' 혹은 '인정받아야 한다'는 미션을 만들어내는 순간, 그 활동은 일이 되어버리는 것 아닐까. 내가 좋아하는 것을 '일'로 하지 않아도 되는 자유로움, 인정이나 보상에 얽매이지 않는 그 자체로 행복한 활동이 우리에겐 필요하다.

정원 가꾸기는 많은 작가와 예술가에게 그런 역할을 해주었다. 몬타뇰라에서 정원을 가꾼 헤르만 헤세가 그랬고, 은

둔형 작가 에밀리 디킨슨이 그랬다. 단순한 노동과 식물의 아름다움은 평화로운 여가가 될 뿐만 아니라 영감의 원천이 되어주기도 한다. 동화 작가 타샤 튜더는 혼자 살기 시작한 열다섯 살 때부터 화초 가꾸기를 좋아했다고 한다. 은퇴 후 본격적으로 정원 일구기에 몰두하여 30만 평이 넘는 '타샤의 정원'을 만들었고, 이제는 그곳이 미국에서 하나의 명소가 되었다. 그녀는 책에서 '가드닝은 기쁨의 샘'이라는 제목의 서문을 통해 다음과 같이 말했다.

> 나의 정원은 지금도 변화하고 있습니다. 이번엔 어디에 무얼 심을까. 여기는 이렇게 하는 게 좋지 않을까 하고 궁리하는 것도 즐거운 일입니다. 또한 정원이나 식물에 대해 알고 싶은 것도 잔뜩 있습니다.
>
> – 타샤 튜더, 《타샤의 정원》 중에서

예술가는 아니지만, 내 가까이에서도 식물을 통해 기쁨을 느끼는 사람들을 발견한다. 그중 한 친구의 집에 갔을 때, 거실 창가 쪽으로 작은 화분들이 줄지어 있는 모습이 인상적이었다. 친구는 화초를 가꾸면서 어제와 또 다른 모습의 잎을 보는 게 좋다고 했다. 그리고 그 성장에 관여하는 즐거움이 활력을 준다고도 말했다. 생명력이 좋다는 선인장도 우리 집에만 오면 노랗게 질려버리게 만드는 나로서는 그 기쁨이 가늠되지 않는다. 하지만 그 친구의 말을 들으니, 식물을 기르고 가꾸는 행위를 통해 단순한 즐거움 이상을 맛보았다는 예술가들의 말을 조금은 알 것 같았다. 철학자 루소는 정원 가꾸기를 통해 얻는 즐거움의 힘으로 분주한 삶과 논객들의 비난으로부터 자신을 보호할 수 있었다고 말한다. 정원을 가꾸는 활동이 내면의 평정을 유지하는 힘을 준 것이다. 한편, 버지니아 울프에게 즐거움을 주는 활동은 '독서'였다.

그 자체로 좋고 즐거움이 되기 때문에 추구하는 일이 있지 않을까? 독서도 그중 하나가 아닐까? 나는 때때로 이런 꿈을 꾸었다. 최후의 심판일에 위대한 정복자, 법률가, 정치가들이 보상(왕관, 월계관, 영원히 새겨진 이름)을 받기 위해 왔을 때, 그들 속에서 옆구리에 책을 끼고 가는 우리를 본 신이 베드로를 돌아보며 부러운 표정으로, "보아라, 이들에게는 보상이 필요 없겠다. 우리는 그들에게 줄 것이 없다. 그들은 독서를 좋아했으니"라고 말하는 꿈이다.

— 버지니아 울프, 〈어떻게 읽을 것인가?〉 중에서

이쯤이면 여가시간을 충분히 즐겁게 보내는 것은 감정을 넘어서 일상의 자신을 일으키는 기능을 하는 것이라 믿어봐도 좋을 것 같다. '하고 싶은 놀이'를 하는 시간 동안 우리는 무기력을 극복하고, 마음 안의 기쁨을 충전해서 다시 '해야 할 일'을 해낼 힘을 얻는다. 좋아하는 것에 몰두했던 우리는 용감하게 다시 월요일을 향해 간다. 다섯 밤만 자면 다시 주말이니까. 주말이 되면 누군가는 또다시 산책을 하고, 책을 읽고, 악기를 배우고, 또는 사랑하는 사람들과 충분히 시간을 보낼 것이다.

소진된 상태로 시간을 흘려보내다가 일요일 밤이 되면 아직 오지도 않은 월요일 걱정에 시름시름 앓기 시작하지는 않는지, 혹은 남들이 다 하는 유행을 좇아 이것저것 하느라 주말을 평일처럼 보낸 것은 아닌지 돌아볼 필요가 있다. 만약 그렇다면, 오롯이 자신에게 충만한 휴식이 되어줄 '그냥 좋은 활동'을 찾아보기를 조심스럽게 권한다. 그것으로 여가시간을 채울 수 있다면 그때 우리의 일주일은 지치는 한 주가 아닌, 살아볼 만한 한 주가 되지 않을까. 그것이 진정한 '워라밸Work and Life Balance'로 나아가는 한 걸음이 될지도 모를 일이다.

그저 좋은 사람

그 자체로 좋은 건 활동만이 아니다. '사람'도 마찬가지다. '덕질'이라는 신조어가 있다. 인터넷 사전에는 '자신이 좋아하는 분야에 심취하여 그와 관련된 것들을 모으거나 찾아보는 행위를 이르는 말'이라고 정의되어 있다. 대개 팬으로서 좋아하는 가수나 배우의 정보를 모으고, 영상을 찾아보는 것 등을 뜻한다. '어덕행덕'이라는 재밌는 말도 생겨났다. '어차피 덕질할 거 행복하게 덕질하자'의 준말이란다. 주변 사람들만 보아도, 이는 아이돌 가수를 좋아하는 십 대에만 국한된 단어가 아님을 알 수 있다.

나 또한 좋아하는 가수나 배우 혹은 작가에 대한 것들을 찾아보고 관심 있게 행보를 지켜본다. 예를 들어, 특정 작가의 책을 꼭 챙겨 읽는다거나, 좋아하는 가수의 신곡을 기다리고, 응원하는 배우의 영화는 내가 좋아하는 장르가 아니더라도 관람하게 되는 것이다. 단지 재미있어서이기도 하지만, 그 안에는 그들을 응원하는 마음이 포함되어 있다. 열정적으로 쫓아다니는 정도는 아니지만 자연스럽게 소식을 듣고 근황을 알게 되면, 나도 모르게 내 일인 양 마음을 담아 응원하게 되는 것이다.

특정 연예인을 밤낮없이 따라다녀 사생활을 침해하는 '사생팬' 같은 극단적인 예를 제외하면, 우리가 누군가를 좋아하고 응원하고 지지하는 데는 의무도 책임도 없으며, 큰 뜻이 있지 않는 한 '즐거움'으로밖에 설명할 길이 없다. 그런데, 흥미로운 것은 연예인이 아니라 주위의 사람들에게도 그런 마음을 느낄 때다. 친구든 동료든 이웃이든 상관없이, 좋아하는 타인에 대한 마음은 크게 다르지 않다는 걸 느낀다.

한번은 지인의 결혼식에 참석했다가, 몇몇 고향 친구들을 오랜만에 만났다. 반가운 얼굴들이었다. 5년 만에 만난 친구도 있었고, 고등학교 때 이후로 처음 보는 친구도 있었다. 연락하고 살 만큼 친한 친구들은 아니면서도, 모두 좋은 친구로 기억하는 이들이었다. 또 언제 보게 될지 모른다는 것도 직감적으로 알았다. 돌아오는 길에 그들을 되새기며, 그야말로 '잘 먹고 잘 살았으면 좋겠다'는 생각이 들면서 기분이 좋아졌다. 좋은 소식을 건너 건너 듣게 된다면 참 기쁠 것 같았다. 그것은 사회생활을 하면서 만난 사람들에게도 마찬가지였다. 그 자체로 좋은 사람을 만나면, 자연스럽게 그가 잘됐으면 하는 마음을 갖게 된다. 이것이 일종의 팬의 마음이 아닐까 싶다. 그 안에는 '기브 앤드 테이크'가 없고, 상대를 통제하거나 소유하고 싶다는 욕심도 전혀 없어서, 그 가벼움이 나를 더 기분 좋게 하는 듯하다. 그 마음은 쉽게 미워하거나 흠을 찾는 '안티Anti'로 돌아서지 않는다. 그가 하는 일이 더 잘되었으면 하고 행운을 빌어주는 마음이기 때문이다. 누군 가를 미워하고 증오하는 마음이 결국엔 나의 불쾌를 늘리는 가장 쉬운 방법인 것처럼, 타인을 좋아하고 응원하는 마음, 그 사람의 행복을 빌어주는 마음은 나를 더욱 기쁘게 한다.

승려이자 작가인 마티외 리카르는 '다른 사람들이 행복해 지기를 바라는 마음'을 이타주의로 연결한다. 그가 말하는 이타주의는 더 넓은 관점에서 세계를 건강한 방향으로 이끌 어가는 건강한 힘이다. 이타주의는 훈련을 통해 얻어질 수 있고, 뇌에 기능적인 변화를 가져오기도 한다고 그는 설명한 다. 실제로 명상의 종류 중에 타인에게 부정적인 감정이 들 때 해볼 수 있는 '자비명상'이라는 것이 있다. 타인에 대해 혐 오나 분노를 느낄 때 우리는 그 관계 속에서 엄청난 스트레 스를 경험한다. 자비명상은 그 상대에게 자비로운 마음을 빌 어주면서, 결국 자신의 내적인 평안을 회복하는 것이다. 내 가 느끼는 '팬심(Fan과 心이 합쳐진 신조어)'이 리카르가 말하 는 이타주의와 같은 힘을 발휘하지는 못하더라도, 일상 속에서 스스로에게 긍정적인 에너지가 되어주는 것은 분명하다. 그 기분 좋은 마음이 결국 나를 더 평안하게 이끌고 있다. 그래서 그런 사람을 만나는 일은 늘 반갑다. 이유 없이 좋은 마음은 그 '핑계 없음'으로 인해 쉽사리 사라지지도 않는다. 그렇기에 마냥 가벼운 마음으로만 보기도 아쉽다.

사람과 사람이 가장 즐겁게 이어질 수 있는 거리, 그 거리에 팬심이 있을 거라 짐작한다. 물리적으로 얼마나 가까이 있는지, 실제로 얼마나 친밀한지와 상관없이 가질 수 있는 유쾌한 마음이다. 수많은 친구와 동료, 또 아직 관계를 규정하기에는 조금 먼 사람들의 모습이 문득문득 떠오를 때, 기쁜 마음으로 그들의 팬이 되기를 자처해본다. 또한 살아가면서 최대한 많은 사람의 팬이 될 수 있기를 바란다. 좋아하는 무엇을 '놀이'로 지켜내는 것이 지친 평일을 버티는 힘이 되듯, 될 수 있는 한 많은 사람에게 팬심을 품는 것은 관계의 스트레스를 이겨낼 힘이 되지 않을까.

Chapter 4.

행복을 닮은
작은 풍경

치명적인 내 약점 하나를 밝히면, 남을 웃기는 데에는 영 재주가 없다는 것이다. 굳이 치명적이라고 표현하는 것은 '웃기고 싶은데' 그렇게 하지 못하기 때문이다. 쉽게 말해 유머감각이 따라주지 않는다. 엉뚱한 말장난과 눈물겨운 '몸개그'는 웃음은커녕 연민을 얻어낼 뿐이다. 그나마 다행이라고 생각하는 것은 실컷 남을 웃기고 자신은 웃지 못하는 사람보다는 내가 낫지 않을까 하는 거다. 비록 남을 웃기는 재주는 없지만 나는 웃을 일이 많다. 유머감각을 발휘해도 웃어주는 사람이 없으면 소용이 없으니, 잘 웃는 재능은 타인의 유머를 완성해주는 것이라고 자위해본다.

어쨌든, 재밌고 웃긴 게 좋다. 사람들이 웃는 걸 보는 것도 좋다. 그중에서도 무겁고 칙칙한 분위기를 한순간에 전환해주는 농담은 특히 매력적이다. 악의가 없는 농담은 경직된 사람들을 부드럽게 풀어주고 탁한 공기를 맑게 만들어준다. 마지막으로 배꼽 빠지게 웃은 날이 언제였던가 생각해보자. 화내고 짜증 내고 눈물 흘릴 일은 많아도, 깔깔거리고 미소 지을 일은 좀체 없는 게 요즘 세상 아니던가. 그래서 센스 있는 유머로 사람들을 웃게 하는 사람, 또 웃음을 주는 다양한 콘텐츠의 힘을 결코 무시할 수 없다.

문학과 예술에서도 이 기술이 종종 쓰이는 걸 보면, 녹록지 않은 현실을 지혜롭게 넘겨보려 하는 인간만의 작은 몸부림이 아닐까 싶다. 인간의 어두운 면에 슬퍼하고 분개하는 대신 유머러스하게 비틀거나 진지한 상황들을 우스꽝스럽게 만드는 것, 심각한 주제에 너무 몰입하지 않고 적당히 거리를 두면서 재치와 익살을 더하는 작업은 우리의 삶을 한결 부드럽게 흘러가도록 도와준다. 그중에서도 문학작품 속에서 사용되는 유머는 그 역할이 마냥 가볍지가 않다. 특히 현실적이고 무게감 있는 스토리 속에서 더 빛을 발한다. 농담이 무거운 공기를 가볍게 만들어주는 것과 마찬가지로, 문학 속의 유머 또한 고통스럽고 아픈 상황에서 더욱 선명하게 다가온다.

울 수 없으니까 웃는 것이다

미국 소설가 커트 보니것에게 블랙코미디와 풍자는 그의 작품들을 설명하는 주요 키워드이다. 국내에는 《제5도살장》이라는 소설로 잘 알려진 그는 기계공학을 전공한 공대생이었지만, 2차 세계대전 때 징집되어 참전했다. 전쟁으로 인한 아픈 경험은 그를 바꿔놓았다. 살아남은 그는 소설을 썼다. 소설 속에서 인간 존재나 종교와 같은 묵직한 주제를 다루면서도 특유의 유머감각과 풍자를 빠뜨리지 않았다. 그가 남긴 마지막 작품인 《나라 없는 사람》이라는 에세이에는 유머에 대한 그의 생각이 드러나 있다. 그가 말하길, 유머는 인생이 얼마나 끔찍한지를 한 발 물러서서 안전하게 바라보는 방법이다. 그는 과거 전쟁 중에 독일 드레스덴 위로 폭탄이 마구 쏟아지는 와중에도 지하실에 숨어 농담으로 위안을 삼았던 일화를 전한다. 무자비하고 잔인한 피의 현장, 그 공포 속에서도 사람들을 버티게 한 건 유머였다. 그러니까 유머는 삶의 의미나 생에 대한 집착, 고귀한 사랑만큼이나 사람을 살게 하는 이유가 될 수도 있는 것이다.

　십삼만 명의 목숨이 순식간에 사라지는 것을 목격한 사람이 제정신을 갖고 차분하게 살아가기는 어려운 일이다. 이렇게 생각해볼 수 있겠다. 보니것은 인류 최대의 학살극을 겪은 후 반전 작가로서의 삶을 택하게 되었고, 주 무기는 '유머'와 '풍자'였던 셈이다. 그는 자동차 영업사원이기도, 소방수이기도, 영어교사이기도 했지만 동시에 부지런히 글을 썼다. 그것은 전쟁에서 인간의 잔인함과 추악함을 목격했기에 인간의 본질을 계속해서 물을 수밖에 없었던 일종의 책임감은 아니었을까. 유머는 그 책임감 있는 행동의 부담을 덜어주기 위한 효과적인 장치였을 것이다.

> 내가 정말로 하고 싶었던 일은 웃음으로 사람들에게 위안을 주는 것이었다. 유머는 아스피린처럼 아픔을 달래준다. 앞으로 백년 후에도 사람들이 계속 웃어준다면 아주 기쁠 것 같다.
>
> — 커트 보니것, 《나라 없는 사람》 중에서

　작가 스티븐 킹의 글에서도 그와 비슷한 전략이 느껴진다. 《미저리》나 《쇼생크 탈출》 등 수많은 작품이 영화화되어 우리나라에도 잘 알려진 그는 에세이에서 자신의 유년 시절을 서술한 바 있다. 그는 아주 어렸을 때 아버지가 집을 나가는 바람에 줄곧 홀어머니 밑에서 자랐다. 글로 재현된 그의 유년 시절은 결코 순탄하지 않았다. 그의 표현을 빌리면 '괴상망측한' 어린 시절을 보냈고, 이곳저곳을 떠돌아다니느라 삶이 안정되지 못했다. 일을 나간 어머니를 대신해 그를 돌보던 시터 중에는 그를 구타한 정신이상자도 있었다. 그런 일들을 글로 풀어내면서도 유쾌함을 잃지 않는다. 유머라는 요소를 모조리 빼버렸다면 한없이 슬프고 무거웠을 스토리이다. '울 수 없으니까 웃는 것'이라는 커트 보니것의 표현처럼, 슬프다고 마냥 울기만 한다면 앞을 제대로 볼 수 없으니 우리는 웃을 거리를 찾아내야만 한다. 소설가들은 그런 인간의 비애를 작품으로 재현해내는 것이다.

유머로써 방어하라, 성숙하게

비극에 가까운 이야기 속에서 만나는 유머에는 묘한 힘이 느껴진다. 어깨에 짊어진 짐이 너무 무거워 균형을 맞추려는 시도처럼 느껴지기도 한다. 이렇게 유머가 무거운 분위기나 어두운 스토리에서 빛을 발하는 것은 효과적인 '방어기제'이기 때문이다. 정신분석학에서 말하는 방어기제란 무의식적인 충동으로부터 나를 보호하고자 하는 도구이다. 무의식의 욕구가 강해지면 사람은 불안감을 느끼게 되고, 심리적 안정감을 유지하기 위해서 저마다 다른 전략을 사용하는데 이것을 통틀어 방어기제라고 표현한다. 방어기제는 언뜻 보면 용기가 부족한 전략처럼 느껴지지만, 감당하기 어려운 무게를 어떻게든 처리해보려는 시도라고 해석할 수도 있다. 무너지지 않으려는 최선의 노력인 것이다.

방어기제는 정신분석학의 아버지인 지그문트 프로이트에서 시작되어 그의 딸 안나 프로이트가 정리했고, 미국의 정신과 의사 조지 베일런트가 수십 년간 사람들을 관찰하면서 분류했다. 그의 분류에 따르면 미성숙한 방어, 신경증적 방어, 성숙한 방어로 크게 나뉘는데 유머는 그중 성숙한 방어에 속한다. 무의식에 차오르는 지나친 욕망이나 분노, 불쾌한 감정이나 공격성이 유머로 순화된다. 갈등 상황에서 유머를 통해 상대의 웃음을 유발하면 심리적 부담을 줄일 수 있는 것을 생각해보면 이해가 쉬울 것이다. 위기의 상황들이 유머를 통해 부드럽게 넘어간다. 그래서 적재적소의 농담은 차가운 분위기를 녹일 뿐만 아니라, 대인관계의 윤활유가 되어주고 지독한 권태와 견디기 힘든 무게를 덜어준다.

> 희극적인 것을 그 누구도 상상하지 않는 곳에서 발견하고 숭고함과 아름다움인 체하는 상황들을 그것에 상응한 우스꽝스러움에 내맡기기 위해서 정신의 비범한 힘과 자유가 필요하다.
>
> — 류종영, 《웃음의 미학》 중에서

프랑스 속담에 '웃지 않고 보낸 날은 허탕 친 날'이라는 말이 있단다. 하루에도 사람의 생명이 왔다 갔다 하는 사건사고가 허다하게 벌어지는 비극적인 현실에서, 저런 속담은 왠지 사치인 것 같다. 하지만 사람들을 관찰해보면 모두가 웃음을 원한다. 한 친구는 나를 만나기가 무섭게 어린 조카가 나오는 동영상들을 보여주며 까르르 웃는다. 지하철에서 맞은편에 앉은 어떤 학생은 휴대폰을 보며 키득거린다. 사람들은 겉으로는 무표정하지만, 언제나 웃고 싶어 한다.

사람들이 선행을 행하게 하려면 '선'이 충분히 재미있는 것이어야 한다는 이야기를 들은 적이 있다. 재미는 비교적 쉽게 사람을 움직이게 하는 원동력인 것이다. 잘하고 싶고 잘해야 하지만 재미가 없기 때문에 끝끝내 지속하지 못한 일이 얼마나 많은가. 선한 일뿐만 아니라, 어렵고 하기 싫은데 반드시 해야 하는 일이 있다면 그것을 어떻게든 재밌게 만드는 지혜가 필요하다. 문학평론가 정여울은 슬픔과 웃음의 차이를 이렇게 설명한다.

> 슬픔에 빠졌을 때 우리는 우리 자신을 너무 가까이서 바라보게 된다. 슬픔에 빠졌을 때 오히려 인간은 자기중심적인 상태로 빠진다. 그것이 슬픔이 갖는 부정적 내향성이다. 그런데 웃음은 잠깐 '자기'라는 존재를 불현듯 놓아버리는 것이다. 내가 지금 여기 있다는 사실, 내가 무슨 일을 하고 있는 중이라는 현실, 나의 책임이 무엇이고, 내 슬픔이 무엇인지에 대한 자각, 이 모든 것을 그 순간 잠깐 확 놓아버리는 것이다.
>
> — 2015년 2월, 월간중앙 〈정여울, 그림을 읽다〉 중에서

누군가에게는 열심히 버티면서 사는 것이 녹록지 않은 삶을 살아가는 전략인 것처럼, 누군가에게는 유머러스하게 사는 것이 방법일 수도 있다. 안 그래도 거친 길을 더 거친 무엇으로 가려면 너무 아플 것 같아서 써야만 하는 최후의 무기일지도 모른다.

때로는 숨 쉬는 것도 이렇게 무거운데, 웃을 일이 없다면 우리는 그 무거움에 짓눌려 한 발짝도 나아갈 수 없을 것이

다. 도무지 살아갈 열정이 생기지 않을 때, 삶의 무게에 짓눌리는 것만 같을 때, 뭐든 내가 하고자 하는 것은 다 어렵게만 느껴질 때, 코미디를 가까이해보는 건 어떨까. 한심한 나를 견딜 수가 없을 때는 스스로를 다그치기보다는 '웃픈' 자학 개그로 슬쩍 넘어가보자. 아무 생각 없이 그저 한바탕 웃고 나면 이런 생각이 드는 것이다. '아, 사는 거 별거 없었지' '그렇지, 그냥 이렇게 하루를 보내면 살아지는 거였지.'

　삶을 포기하지 않게 하는 힘은, 묵직한 삶의 목적이 아니라 때로는 그 모든 긴장을 풀어내는 가벼움이다. 엄청난 목표를 위해 계속 힘만 주며 살다가는 금방 지쳐버릴지도 모른다. 장기전에서는 열심히 뜨겁게 사는 힘만큼이나 나를 이완시키고 내게서 살짝 멀어질 수 있는 기술도 필요하다. 그 자체로 희극이자 비극이기도 한 삶, 이 어지럽고 험난한 세상에 가장 필요한 것은 눈물이 날 정도로 통쾌한 웃음을 자아내는 코미디가 아닌가 생각해본다. 고귀하고 존엄한 삶도 사랑도, 재미가 없다면 다 무슨 소용이겠는가.

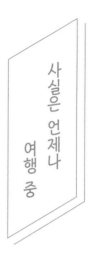

사실은 언제나
여행 중

어릴 때는 세계지도를 보면서 '모든 나라를 다녀본다는 게 가능할까?'라는 생각을 했었다. 그것이 실현 가능한 일임을 알게 된 것은 고등학교 때쯤이었다. 신문을 통해서 '일주일 만에 유럽 5개국 정복'과 같은 패키지 여행 광고를 쉽게 볼 수 있었다. 이런 식이면 시간과 돈만 있으면 세계일주도 거뜬하겠구나 싶었다. '싸이월드'가 한창 유행할 때만 해도, 사진첩에 다양한 나라의 폴더가 만들어져 있는 친구의 미니홈피는 정말이지 부러웠다. 많은 나라를 여행한 사진이 올라와 있는 것을 보면 '어머, 쟤는 돈도 많고 시간도 많은가 봐'라는 생각이 들었다. 하지만 얼마 지나지 않아 그 생각도 사라졌다. 시간과 돈을 만들기가 어려운 것은 둘째 치고, 여행은 땅따먹기가 아니라는 것을 알게 되었기 때문이었다. '부루마블' 게임처럼 가본 나라와 도시가 많을수록 내 만족감이 높아지는 게 아니었다. 오히려 잠 많고 체력도 부실한 나 같은 여행객에게는 긴 후유증만 남을지도 모른다. 피곤한 몸을 이끌고 집으로 돌아와 '역시 집이 최고야' 하는 소감으로 여행 후기를 대신할지도 모르겠다. 모든 흥미로운 경험이 그렇듯, 시간이 지나면 많은 일은 잊힌다.

탈출의 기쁨

그럼에도 현대인은 여행을 꿈꾼다. 날씨 좋은 주말이면 교외로 향하고, 바다를 찾아 맛집을 찾아 짧든 길든 외출에 나선다. 아무리 지독한 게으름이 나를 이불 속에 가두어도, 텔레비전 속에서 아름다운 여행지를 볼 때면 괜스레 마음이 설레며 먼 곳으로의 여행을 품게 되는 것이다. 이처럼 이곳이 아닌 어딘가를 갈망하는 가장 큰 이유는 일탈의 맛이 아닌가 한다. 동네가 아닌 도시 근교로, 또 국내가 아닌 해외로, 그것도 가까운 아시아가 아닌 지구 반대편으로 최대한 멀리 가는 여행에의 막연한 동경은 일종의 도피성에 가깝다. 일상으로부터 먼, 내가 처해 있는 이 환경과 동떨어진, 더 낯선 곳으로 가고 싶다. 언어도 통하지 않고 생김새도 너무나 다른 사람들, 그 낯섦으로부터 작은 위안을 얻으려는 것, 이국적이고 새로운 것들을 만남으로써 탈출의 기쁨을 느끼고 싶은 것은 아닐까.

메릴랜드 대학의 심리학자 이소 아홀라는 행동주의 심리 이론을 통해 '접근-회피 동기' 개념으로 여행하는 인간을 해석한다. 우리가 무언가 행동할 때 그 마음에는 어떤 것을 얻으려고 하는 '접근' 의도도 있지만, 무언가를 피하려고 하는 '회피' 동기도 있다는 것이다. 마치 우리가 뭔가를 성취하려는 행동에 부나 명예를 얻으려는 동기도 있지만, 낙오자가 되지 않으려 하거나 사람들 사이에서 소외되지 않으려는 동기가 포함될 수 있는 것과 같다. 여행이 단지 새로운 도시를 만나기 위한 것만은 아니다. 무언가를 피하고, 어떤 것으로부터 떠나는 탈출구의 역할을 하는 것이다. 요즘의 현대인에게 여행은 이 탈출의 의미가 짙어졌다. 그래서 일상이 너무 권태롭거나 스트레스가 쌓일수록 자신에게 보상을 주려는 듯이 여행지를 검색하곤 한다.

한편, 떠나는 데에 어떤 목적이 있지 않고, 그저 '좋아서' 시작된 여행일 때 그 기쁨이 충만해진다. 이번 여행을 통해 내 삶의 기가 막힌 터닝포인트를 만들겠다든가, 영화 같은 사랑을 만나겠다든가, 유명 여행지에서 '인생샷'을 찍어 오겠다는 등의 목표나 목적을 가지고 떠나는 것도 나쁘지 않지만, 막연함을 안고 무작정 떠나는 맛은 더욱 홀가분하다. 꼭 비행기를 타고 바다 건너 가는 긴 여행이 아니어도 좋다. 당일치기 혹은 반나절 여행만으로도 충분할 것이다. 어떤 쪽이든 생활반경을 벗어나기만 한다면 말이다. 그러면서 반복적으로 생활하는 일상에 거리를 두는 것이다. 그 기회로 말미암아 내가 매일매일 먹고 자는 패턴, 직장에 가서 하는 일, 또는 공부나 육아가 내게 어떤 의미였는지 다른 시선으로 바라보게 된다. 그야말로 '나는 누구지?' '내가 뭐 하고 있었지?'라는 질문을 새삼스레 던져보는 것이다. 나와 내가 하는 활동 사이에 간격을 만든다. 나는 나로, 일은 일로, 타인은 타인으로, 살림은 살림으로만 바라본다.

일탈의 기쁨은 그렇게 나와 일상 사이에 적당한 간격을 만들어주는 것만으로 충분히 완성된다. 그저 내가 반복적으로 갇혀 있었던 것에서 한 발짝 떨어져 나와 숨을 돌리는 것뿐인데도 말이다. 의무와 책임에 익숙해져 내가 나인지 일이 나인지도 모르는 시간으로부터 조금 멀어져본다. 떠날 때의 나와 돌아올 때의 '나'가 같지 않다면, 비록 시작은 도피로서의 여행이었을지라도 돌아올 때는 마음이 채워져 있을지도 모른다.

이야기는 힘이 세다

또한 여행에는 창조의 기능이 있다. 이는 일탈의 여행에서 한 발짝 더 나아가 개인의 시야를 넓힌다. 언젠가 텔레비전에서 심리학자 최인철 교수가 진행하는, 행복을 주제로 한 강연을 본 적이 있다. 인간에게 피할 수 없는 주제인 '돈'에 대한 얘기가 나왔다. 강연에서는 '돈을 어떻게 쓰느냐'의 문제로 연결했다. '돈과 행복감이 비례하느냐'보다 '돈을 어떻게 써야 행복해질까'라는 질문이 더 적합하다고 본 것이다. 돈으로 살 수 있는 것은 크게 두 가지로 나뉘는데, 소유물과 소유물이 아닌 것이다. 그러니까 옷이나 신발처럼 눈에 보이는 물건을 살 수도 있지만 강연이나 공연, 전시회처럼 눈에 보이지 않는 체험에 돈을 들일 수도 있다. 후자를 '경험을 위한 소비'라고 정의하고 있었다. 학자들의 연구 결과, 소유물을 위한 소비보다 경험을 위한 소비로 얻은 행복감이 더 크고 오래간다는 것이 확인되었다. 그 비밀은 경험이 만들어내는 '이야기'에 있었다. 값진 보석이나 옷, 신발과 같은 소유물과 달리 직접 체험을 하면 다양한 이야기가 만들어진다. 사람들은 이야기를 좋아하고 또 오래 기억한다. 여행은 특히 많은 이야기가 만들어질 수 있는 즐거운 체험이다.

그 말에 고개를 끄덕일 수밖에 없었던 것은 사람들의 생생한 여행 이야기를 들을 때 나 또한 즐거웠던 기억이 있기 때문이다. 그리고 내 경험을 회상해 친구들에게 전할 때의 즐거움도 빼놓을 수 없다. 그 기분은 쉽게 사라지지 않으며, 기억 속에 오래 남는 것도 부정할 수 없다. 옷이나 자동차는 사람의 인생을 바꾸지는 못하지만, 어떤 여행은 사람을 바꿀 수도 있다고 최 교수는 말한다.

'여행'을 떠올리면 내게 익숙한 모습이 있다. 어렸을 때 작은 자동차를 타고 가족들과 여행을 할 때면 목적지 즈음에서 아버지가 늘 차에서 내려 사람들에게 길을 물었다. 구멍가게나 약국에 들어가거나 혹은 길 가던 주민에게 길을 묻고 뛰어 돌아오던 모습이 선명하다. 그때만 해도 내비게이션도 스마트폰도 없었기 때문에 지도 한 장과 목적지의 주소가 전부였다. 몇 번이고 길을 잘못 들어 돌아 나오고, 돌아 나온 만큼 몇 번이고 사람들에게 물었던 풍경. 그 풍경은 내게 친숙해져서, 성인이 되어 내가 주도적인 '여행자'가 되었을 때에 길을 찾는 것 자체가 하나의 익숙한 놀이가 될 수 있었다. 적지 않은 여행을 하면서도 여행사의 패키지 상품을 한 번도 이용하지 않은 이유는, 바로 그 헤매는 재미에 있었다. 길을 묻는다는 핑계로 그곳 사람들의 얼굴을 잠시나마 마주할 수 있는 기회를 갖고 싶었다. 지금도 여전히 목적지를 찾지 못해서 생기는 에피소드, 기차 시간을 잘못 기억해서 놓쳐버리는 바람에 계획을 다시 짜야 하는 일 등은 소소한 재밋거리이다. 틀어진 계획 때문에 시간을 보내느라 들렀던 동네 음식점에서의 기억은 명소를 찾았던 기억보다 더 특별하다. 그런 것들이 여행의 묘미였다. 똑같은 여행지를 가더라도 나만 가져오는 이야기들이기 때문이다.

요즘은 스마트폰에 길 찾기는 물론 맛집까지 알려주는 기능이 있어 웬만해선 헤맬 필요가 없게 되었다. 그런 기능들이 아주 좋은 여행 길잡이가 되어주지만 그 덕에 예상치 못한, 의도치 않은, 계획에 없던 에피소드가 줄어든 것 같아 내심 아쉽다.

좀처럼 움직이기 싫어하는 사람일수록 여행을 가면 자신의 색다른 모습을 더 많이 발견하게 된다. 정적인 태도를 가진 사람일수록 생활반경이 좁고, 그 안에서 경험하는 것이 극도로 한정적이기 때문이다. 낯선 사람을 마주할 일이 없는 만큼 낯선 나를 만날 일도 없을 것이다. 생활반경에서 벗어나는 행동은 어떤 방법으로든 낯선 나를 경험하게 한다. 평소에 겪어보지 않은 광경을 접하거나 새로운 상황에 맞닥뜨리면서, 여행에서 돌아올 때는 필연적으로 조금씩 성장해 있다.

그래서일까. 17세기 영국에서는 젊은이들을 대학교에 곧장 진학시키지 않고 외국으로 여행 보내는 것이 하나의 문화였다고 한다. 2년 이상의 긴 기간을 투자하고 막대한 비용이 들기 때문에 귀족에게 국한된 것이기는 했지만, 점점 퍼지다가 유럽에서 미국까지 확산되었다. 이름하여 '그랜드 투어'이다. 이 같은 호화로운 교육 여행을 오늘날의 조기유학과 해외여행의 시발점으로 보는 의견도 있다. 그랜드 투어를 시작한 영국은 더 다양한 예술과 문화를 지닌 다른 유럽 국가들에 대한 동경도 있었지만, 여행이야말로 살아 있는 교육이라고 생각했던 것이다. 젊은이들에게 도전이 되고 넓은 시야를 가지게 하는 성숙의 단계로 보았다. 이 성숙의 기반이 되는 핵심은 '낯선 경험'에 있을 것이다. 꼭 호화로운 교육 여행이 아니어도, 짧은 여행만으로도 스스로 작은 변화를 느낄 수 있다. 애초에 우리의 목적이 크게 성숙해지는 것이나 다양한 문화를 접해 지식을 늘리는 것에 있지 않고, 일상에 지친 자신을 즐겁게 회복하려는 데 있기 때문이다.

행복감과 같은 긍정적인 정서는 목표를 쟁취했을 때보다 그 과정에서 얻는 경우가 훨씬 많다. 여행이야말로 산 정상에 올라서야만 완성되는 목표의 행위가 아니라, 떠나는 것으로부터 시작되는 모든 일이 흥미롭고 설레는 과정의 총체이기 때문이다. 여행 준비 기간과 출발의 순간, 길을 걷고 또다시 돌아오는 여정 중 어떤 것도 여행의 재미에서 빼놓을 수 없으니까 말이다. 평소 출퇴근길에서는 도중에 보이는 모든 것이 그저 배경일 뿐이지만, 여행의 장소에서는 작은 꽃과 사람들의 모습까지도 괜히 새롭고 특별하게 보이지 않던가. 그렇기에 여행은 모든 시간과 경험을 설렘과 즐거움으로 꽉 채울 수 있는 몇 안 되는 활동인 듯하다.

가끔은 의문이 든다. 과연 어디부터 여행이라고 봐야 할까. 길을 떠나는 순간일까, 기차나 비행기에 오르는 순간일까. 아니면 짐을 쌀 때부터일까. 혹은 그보다 더 전에, 일상의 스트레스 때문에 즉흥적으로 여행을 계획하게 된 날부터라고 봐야 할까. 어쩌면 훨씬 더 전, 텔레비전에서 그리스의 아름다운 지중해를 보며 언젠가 꼭 가고 말겠다는 마음을 먹은 때부터일지도 모르겠다. 그렇게 본다면 여행의 끝 또한 모든 일정을 마치고 집에 당도한 순간은 아닐 것이다. 일상에 돌아와 여행을 곱씹는 시간, 소중한 사람들에게 여행지에서 산 기념품을 선물하는 시간, 그러면서 여행 중에 있었던 웃지 못할 에피소드를 늘어놓는 시간, 다시 일상의 쳇바퀴를 돌리면서 문득문득 그때의 사진을 꺼내 보는 시간까지 포함해야 하는 것은 아닐까. 그렇다면 우리의 일상 전체가 여행의 무한반복으로 이루어져 있다고 할 수도 있겠다. 그렇게 생각하니 반복되는 한 주의 무게가 조금은 덜어지는 느낌이다. 일탈의 맛도, 갖가지 에피소드를 만들어내는 창조의 재미도 바로 여기에 있을 거라 위안해본다.

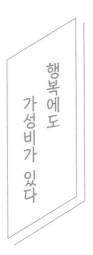

행복에도
가성비가
있다

　내게 가장 경제적인 행복의 비법을 묻는다면, 단연 '커피'
라고 하겠다. 식후에 마시는 따뜻한 커피 한 잔. 주말 오후에
혼자 좋아하는 카페에 앉아 있는 청승이 곁들여진다면 금상
첨화다. 그럴 때는 나도 모르게 "행복해"라는 말을 읊조리게
된다. 너무 작은 일에 행복감을 느끼는 나 자신에게 스스로
놀라워하며 그 행복을 의심하기도 한다.

　그런데 이 의심을 명쾌하게 날려버린 책이 있었다. 소설가
장강명의 에세이 《5년 만에 신혼여행》이다.

저비용, 고기쁨

글에 등장하는 장강명의 아내 HJ는 행복을 느낄 때마다 리스트에 기록한다. 특별한 형식은 없고 스마트폰 캘린더에 행복해했던 날짜와 이유를 간단히 적어놓는 것이다. 그런데 해외로 신혼여행을 가 있는 며칠 동안 그 행복 리스트를 작성한 일이 없었음을 깨닫고는 놀란다. 여행지에서 즐겁게 보내고는 있었으나 기록해둘 만큼의 큰 행복감을 느끼지는 않았던 것이다. 그렇다면 그녀의 리스트에는 어떤 일들이 들어가 있었을까.

토요일 아침 소파에 편히 앉아서 예능 프로그램을 보며 샌드위치를 먹고 모닝커피를 마셨던 것, 6월의 어느 날 지방선거 투표를 하러 가면서 나무의 파릇파릇한 잎을 통해 여름이 다가오는 걸 느낄 수 있었던 일 등이 있었다. 그런 소소한 경험은 올라가 있는데, 무려 보라카이의 화이트 비치에서 석양을 본 경험이 목록에 오르지 못한 까닭을 작가는 이렇게 분석한다. 리스트에 오른 일들은 행복에 들인 비용이 적었기 때문이다. 그러니까 '저비용, 고기쁨'의 행복이었기에 랭킹을 차지할 수 있었던 것이다.

지방선거일은 덤으로 생긴 공휴일이다. 여름이 오는데 HJ가 기여한 바는 없다. '난 아무것도 한 게 없는데 날은 따뜻해졌고, 오늘은 주말도 아닌데 쉬는 날이야! 아싸!' 그래서 HJ는 그 순간을 행복 리스트에 올린 것이다. 하지만 보라카이에서 느끼는 모든 즐거움에는 상당한 요금이 따라붙는다. 그리고 우리는 즉물적인 쾌락을 맛볼 때도 실은 무의식중에 비용 대비 편익을 계산한다.

– 장강명, 《5년 만에 신혼여행》 중에서

돌이켜보면 내가 속으로 '아, 행복해!'라고 느낀 일 중에도 놀랍도록 별것 아닌 일이 많았다. 지하철에 타자마자 내 앞에 앉아 있던 사람이 내리는 바람에 피곤한 퇴근길을 앉아서 갔던 일, 무더위가 지나간 초가을 어느 날 산책을 하면서 덥지도 춥지도 않은 딱 적당한 공기를 들이마셨던 일들이 그렇다. 큰 비용이나 시간을 들이지 않은 것이 행복한 기억의 대부분이었다.

장강명은 아내 HJ가 늘 본전을 생각하는 습관 때문에 그런 것이라고 재밌게 표현했지만, 대부분의 사람도 마찬가지다. 은연중에 행복을 기대할 때면 자신이 바친 에너지에 대한 상대적인 크기를 파악하는 것이다. 내가 이 정도 시간과 비용을 들였으면 이 정도 크기의 행복이 주어져야 한다는 무의식적 계산법이 누구에게나 있다. 그래서 사소하고 돈이 적게 드는 일일수록 큰 기쁨을 느낄 확률이 높다. 또한 뜻하지 않은 곳, 즉 전혀 기대하지 않았던 상황에서 즐거운 일이 벌어졌을 때 그것은 더욱 크게 느껴진다. 그러니까 어딜 가나 소소한 기쁨, 소소한 행복을 권하는 데에는 다 이유가 있다.

행복에 관해 자주 인용되는 연구 결과 중에 '행복은 강도가 아니라 빈도'라는 말이 있다. 즉 강렬한 기쁨보다 소소하게 자주 느낄 수 있는 기쁨이 우리를 더 행복하게 한다는 것이다. 우리의 뇌는 자극에 무뎌지는 특성이 있기 때문에 강렬한 한 방의 기쁨은 금세 무뎌지기 마련이고, 더 큰 한 방이 들어오지 않는 한 행복감을 느끼기 더 어렵게 만든다. 로또 1등에 당첨이 되어도 그 이후 더 자극적인 행운이 찾아오지 않는다면, 아직 복권에 당첨되지 않은 잠재적인 당첨자들보다 훨씬 불행할 수도 있다. 적어도 당첨되지 않은 사람들은 '당첨될 수도 있다'는 기대가 작은 재미를 만들어주기라도 할 테니까 말이다.

HJ의 아이디어에 착안해서 이렇게 생각해봐도 좋을 것 같다. 우리가 들인 시간, 돈, 노력 대비 큰 기쁨을 얻기 위해서는 작은 방법을 많이 찾을수록 유리하다는 것. 좋은 대학이나 큰 시험에 합격하면 행복할 것이라는 믿음으로 오랜 시간 공을 들여 노력하지만, 오래 들인 시간과 비용만큼의 행복이 반드시 보장되지는 않는다. 합격한 그 순간의 짜릿한 기쁨은 결국 익숙해지고, 불만거리는 언제나 생기기 마련이다.

만약 우리 중 누군가에게 엄청난 행운이 들이닥친다고 해도, 기쁜 일인 것은 확실하나 장기간의 행복은 확신할 수 없다. 생은 계속되는 것이고, 마음은 언제나 새로운 기쁨을 원할 것이기 때문이다. 그러므로 작으면서 동시에 언제라도 느낄 수 있는 행복을 찾아야만 한다.

작지만 확실한 행복

걸출한 작품들을 펴낸 세계적인 소설가 무라카미 하루키는 이를 작지만 확고한 행복, 즉 소확행小確幸이라고 이름 붙인다. 그는 수필집을 통해 그만의 행복론을 들려준다. 그가 말하는 작지만 확고한 행복은 서랍 속에 반듯하게 개켜진 팬츠가 쌓여 있다는 것, 산뜻한 면 냄새가 나는 흰 러닝 셔츠를 머리로부터 뒤집어쓸 때의 기분 등이다. 이 외에도 하루키가 좋아하는 것은 약도나 지도를 그리는 일, 물건에 이름을 붙여주는 일 등 아주 사소하지만 언제라도 써먹을 수 있는 것이 대부분이었다. 그리고 그런 방법을 끝도 없이 말할 수 있을 것처럼 아주 많이 가지고 있었다.

넘쳐나는 상품과 자극하는 광고들에 둘러싸여 있는 도시인에게 행복은 얼핏 '더 비싼 걸 가지는 데에서', '남들보다 더 가지는 데에서' 오는 것이라 여겨지기 쉽다. 비용을 많이 들인 만큼 무언가를 많이 얻을 수 있다는 생각이다. 돈을 많이 들일수록 더 빨리 갈 수 있고, 더 편해질 수 있고, 더 많은 걸 가질 수 있는 것도 사실이다. 하지만 세상이 아무리 변해도 돈으로 살 수 없는 것은 여전히 존재한다. 게다가 머릿속의 재빠른 '비용 대비 편익 계산기'로 인해 기쁨은 상대적으로 더 작게 느껴질 수밖에 없다.

이따금 명품백을 살 계획으로 돈을 차곡차곡 모으고 있다거나, 고가의 전자기기나 손목시계 등을 할부로 구입한 후에 수개월 동안 갚아나간다는 얘기를 듣는다. 그 상품이 그들을 오래오래 행복하게 해주었을까. 추측건대, 엄청난 재력가여서 커피값 치르듯 고가의 상품을 쉽게 구매할 정도의 여력이 아니라면, 하루키의 소확행보다는 마음을 자주 행복하게 해주지 못했을 것이다.

우리가 지켜내야 할 것은 큰돈과 엄청난 인내로 얻을 수 있는 무엇보다, 바로 지금 여기서도 부담 없이 내 기분을 끌어올릴 수 있는 작은 방법들 아닐까. 그게 바로 명품보다 더 마음의 가성비가 높은 기쁨이 되어주지 않겠는가. '지금 이 순간이 좋다'라고 느끼게 할 만한 것들, 이를테면 계절의 작은 변화나 주위의 풍경들부터 산책과 같은 어렵지 않은 행위를 통한 즐거움까지. 그런 비법은 일상 여기저기에 이미 널려 있다. 그래서 이렇게 권하고 싶다. 매달 카드 고지서를 보며 속앓이하기보다는 적은 에너지를 들여 자신을 자주 기쁘게 하는 방법을 찾아보자고. 오늘도 내일도, 바로 지금 여기에서 겪을 수 있는 기분 좋은 경험을 많이 만들어내자고 말이다. 그것은 작은 재미를 발견해가는 일이며, 작은 힘으로 나를 기분 좋게 지켜가는 일일 것이다. 그렇게 작은 것들의 힘으로 내 마음을 지켜가는 것, 결코 그것은 작은 일이 아니다. 소소한 행복은 절대로 당신을 배신하지 않을 것이니.

나는 또 한 번 행복이란 포도주 한 잔, 밤 한 알, 허름한 화덕, 바다소리처럼 참으로 단순하고 소박한 것임을 깨달았다. 필요한 건 그뿐이었다.

– 니코스 카잔차키스, 《그리스인 조르바》 중에서

직장에 다닐 때 사무실 건물을 한 번 이전한 일이 있었다. 기존에는 오래되고 낡은 느낌이 물씬 나는 건물이었는데, 새로 이전한 건물은 신축인 데다 누가 봐도 최신식 시설들이 갖춰져 있었고 층수도 높았다. 옛날 사무실이 클래식한 분위기에 조명도 다소 어두운 편이었다면, 새로운 사무실은 통유리에 무균 실험실처럼 은회색의 스틸 소재가 많고 조명도 훨씬 밝았다. 흡사 영화 속에서 본 미래도시에 와 있는 기분이 들었다. 신기하고 새로웠다. 하지만 들뜬 기분도 잠시, 얼마 뒤 이 공간이 나에게 어떤 피로감을 주고 있음을 알아챘다.

생각해보면 꼭 사무실이 아니어도 나는 지나치게 인위적인 느낌이 드는 장소에서는 피로감이나 묘한 불안감을 느낀다.

공간은 확대된 '나'이다

다 인지하지는 못하지만 사람은 공간으로부터 이런저런 영향을 받으며 살아간다. 젊은이들이 많은 대학가에 가면 괜히 기분이 들뜨고, 조용한 숲을 찾으면 마음이 차분해진다. 집에 도착하면 마음이 편안해지고, 차갑고 딱딱한 사무실 분위기는 사람을 긴장시킨다. 또한 사람마다 각자의 취향이 있기 때문에 어떤 사람에게 활력을 주는 공간이 어떤 사람에게는 불편한 기분이 들게 한다. 알랭 드 보통은 저서 《행복의 건축》에서 '장소가 달라지면 나쁜 쪽이든 좋은 쪽이든 사람도 달라진다'고 했다. 건축가들은 이런 특성을 이용해 '우리는 어디에서 가장 행복한가'라는 질문에 대한 답을 찾고자 고민한다. 사람들은 행복감을 느낄 수 있는 공간을 더 자주 찾을 것이기 때문이다.

이미 사람들은 공간이 자신에게 주는 영향력을 잘 알고 있는 것처럼 크게 두 가지 방식으로 공간을 활용한다. 의식적 또는 무의식적으로 공간을 통해 긍정적인 정서를 느낄 수 있도록 조절하고 활용하는 것이다. 첫 번째 방법은, 자신이 오래 머무르는 공간을 자신의 취향으로 변화시키는 것이다. 이것은 그 공간에 대한 애착의 정도나 공간을 자신과 동일시하는 정도에 비례한다. 자신이 살고 있는 집의 인테리어를 중요하게 생각하는 것은 흔한 예이다. 집의 생김생김은 그 집의 주인을 닮는다. 매일 휴식을 취하는 집이 내게 이질감을 준다면 당연히 최적의 안식을 주지도 못할 것이다. 1~2년 정도의 길지 않은 시간을 머무르는 경우라도, 자신이 원하는 모습으로 집을 차츰 변화시킨다. 좋아하는 영화 포스터를 벽에 붙이기도 하고, 소가구를 자신에게 맞게 재배치하는 식이다.

사무실 책상은 어떤가. 핑크색을 좋아하는 사람의 책상에는 핑크색 마우스패드와 같은 핑크색 소품들이 자리한다. 가족에 대한 애정이 가득한 사람의 책상에는 가족사진이 여기저기 붙어 있을 것이다. 또 깔끔하게 정돈되어 있거나 어질러져 있는 정도는 신기하게도 책상 주인의 성격과 잘 매치되기도 한다. 한번은, 늘 완벽한 메이크업에 반듯한 정장을 고수하는 한 동료의 책상이 무섭도록 깔끔하게 정리되어 있는 것을 보고 감탄한 일도 있었다. 누구도 그 책상이 그녀의 것임을 부정할 수가 없었다.

　미국의 심리학자이자 철학자인 윌리엄 제임스는 '가능한
한 가장 넓은 의미에서 한 사람의 자기는 그의 것이라 부를
수 있는 모든 것의 총체'라고 말하면서, 의복과 책상 같은 것
들이 자기의 일부인 것처럼 정서를 유발한다고 말한다. 책상
은 확대된 자신이다. 그래서 나 자신을 가꾸는 것과 마찬가
지로 대하게 되는 것이다. 자동차 또한 자기의 확장이 되는
흔한 공간이다. 그렇기에 집만큼이나 개인의 취향이 잘 반영
되고, 자신의 일부처럼 여기며 적응하게 된다.

　한 공간에 시간이 쌓이고 이런저런 방식으로 변화를 주는
시도가 덧대어지면, 자연스럽게 공간에는 의미가 부여된다.
단지 물리적인 공간일 뿐이었던 장소에 어느새 이야기가 입
혀지고 자기만의 색이 채워진다. 그럼으로써 공간을 통해 얻
는 긍정적인 정서도 커진다. 공간심리학자 바바라 페어팔은
그의 저서에서 '사람은 자신에게 잘 맞는 공간에 있을 때 행
복감을 느낀다'고 설명한다. 행복감을 위해 우리는 자신이
머물러야 할, 머무를 수밖에 없는 공간을 자신에게 맞도록
변화시켜가고 있는 것이다.

언제라도 도망쳐 숨을 수 있는 곳

두 번째 방법은 좀 더 은밀한 기쁨을 느끼게 하는 것이다. 잘 알려져 있듯이, 소설가 버지니아 울프는 저서 《자기만의 방》에서, 여성이 주체적인 삶을 살기 위해서는 일 년에 500파운드의 돈과 자기만의 방이 필요하다고 말했다. 여성 해방의 목적을 두고 한 말이지만, 누구라도 '해방감'을 느끼기 위해서는 그만의 공간을 빼놓을 수 없다. 거창한 것이 아니라아주 소소한 심리적 자유로움일지라도 말이다. 예를 들어 사무실에 칸막이로라도 자신의 영역이 확보되지 않는다면, 혹은 비행기나 고속버스에서 각각의 자리를 구분 짓는 손잡이가 없다면 어떨까. 자신만의 영역이 확보되지 않으면 어쩔수 없이 불편함을 느낀다. 그렇기에 손 뻗을 여유조차 없는빽빽한 만원버스나 지하철에서 느끼는 불쾌감은 너무나 당연한 것이다.

그렇다고 프라이버시가 보장되는 물리적인 영역을 가지는 것만으로 해방감을 느낄 수 있다고 할 수는 없다. 그야말로 마음을 홀가분하게 해주는 곳은 타인의 시선으로부터 자유로운 곳일 테다. 우리는 가끔 먼 곳으로의 여행을 꿈꾼다.

그것은 단순히 새로운 장소에 대한 동경만은 아니다. 여기가 아닌 '다른 곳'을 갈망하고 그렇게 떠나고 싶어 하는 것은, 누구도 나를 알아보지 않고 간섭하지 않는 곳으로 훌쩍 떠날 수만 있다면 완전한 자유를 느낄 수 있을 거라는 기대 때문은 아닐까. 어디를 가도 서로에 대한 관심이 넘쳐나는 한국 사회에서 여행을 꿈꾸는 것은 '아주 낯선 곳'이라는 상징적인 공간으로 떠난다는 해방감 때문이지 않을까. 그런 점에서 어딘가로 훌쩍 떠나고 싶어 하는 마음은, 자신만의 공간을 찾으려는 욕망과 다르지 않다. 이는 우리가 타인과 연결되고 싶어 하는 만큼이나 타인의 시선에 결박되지 않는 완전한 독립, 완전한 고독을 바라기 때문이다.

우리는 어떤 식으로든 타인의 시선을 의식할 수밖에 없다. 그렇기에 직장에서라면 좁디좁은 화장실 안에서도 왠지 모를 안도감을 느끼고, 여행이었다면 즐겁게 머물렀을 호텔 방도 사르트르의 '출구 없는 방'이라면 지옥이 되는 것이다.

자기만의 공간의 완성은 또한 의무와 책임으로부터 벗어날 수 있을 때에 가능하다. 한창 육아의 책임을 무겁게 느끼고 있는 한 친구는, 아이가 어린이집에 가 있는 동안에는 여유가 허락되는 한 집을 벗어나려고 한단다. 카페로, 근처 공원으로 나선다. 이 또한 결국 자기만의 공간을 찾는 시도이다. '집 안'은 온통 육아의 공간이 되어버려 집 안에 있는 한 나는 '나'가 아닌 '엄마'일 뿐이니 자유로움을 느끼기 어려운 탓이다.

자신의 역할과 책임이 육중하게 느껴질수록 자신이 아무 것도 아니어도 되는 곳으로, 아니 오로지 자신일 수 있는 곳으로 떠나고 싶은 마음이 간절해진다. 나의 쓸모가 전혀 없는 곳, 나를 규정할 수 없는 어딘가에서 잠깐이라도 머물며 나 자신을 확인하고 싶어진다. 혹시라도 아픈 곳은 없는지 안부를 묻고 반갑게 대화도 나누어본다. 이렇듯 자기만의 공간이 주는 기쁨은 은밀하면서도 누구에게나 긴요한 것이다. 아이들조차도 때로는 혼자 처박혀 낯선 감정을 달래고 이해하는 자기만의 방이 필요하다. 하물며 온갖 역할과 의무로 가득한 어른은 어떨까.

꼭 집 안에 자신만의 '서재'를 갖추어야 하는 것이 아니다. 오로지 자신과만 소통할 수 있는 곳이라면 어디라도 좋다. 또 어깨에 느껴지는 무게가 조금이나마 가벼워질 수 있는 곳이라면 카페도 좋고 공원 벤치도 좋다. 도서관일 수도, 동네 뒷산이나 아파트 산책로일 수도 있다. 오로지 자신만 아는 행복을 주는 공간을 가지고 있다는 것으로 충분하다. 쉼이 되어주고 자유로움을 누릴 수 있는 그 공간을 알고 있다면, 우린 언제라도 그곳으로 도망쳐 지친 자신을 충전할 수 있을 것이다.

몸과 마음에 딱 들어맞게 공간을 변화시켜가는 자연스러운 행위, 그리고 자신에게 평안을 주는 그곳에서 이따금 시간을 보내는 즐거움, 그것을 위해 우리는 자신에게 물어야 한다. 나는 어디에서 가장 행복한가. 어떤 환경에서 편안함을 느끼는가. 이 질문에 대한 해답은 건축가만 찾아야 하는 게 아닌, 우리 모두가 자신에게서 찾아야 할 행복의 기술이다.

느린 것들에 보내는 찬사

　내게는 일생을 통틀어 사투를 벌이고 있는 나와의 싸움 두 가지가 있다. '잠'과 '느림'이다. 어렸을 때부터 잠이 많고 무얼 하든 행동이 느렸기 때문이다. 잠이야 책임이 늘어나는 나이가 되니 알아서 조절하게 되었다. 주말에 몰아 자는 걸로 보상을 해주면 되니까. 하지만 느러터진 행동은 영 쉽게 고쳐지지 않았다. 학창 시절 미술시간이면, 시간 내에 작품을 완성하지 못해서 늘 발을 동동 굴렀다. 중학교에서는 단체 도시락을 먹었는데, 급식 당번들이 빈 도시락 통을 수거해서 1층에 내려놓는 식이었다. 그런데 늘 식사 시간이 오래

걸리는 나 때문에 당번들은 답답해했다. 얼른 수거를 끝내고 쉬고 싶었을 당번들은 급기야 음식을 되는대로 내 입에 퍼넣어서 볼이 터질 뻔했던, 웃지 못할 사건도 있다.

혜령 씨는 왜 그렇게 빨리 걸어요?

이런 탓에 수험생 시절은 두말할 것도 없고, 20대가 되어 아르바이트를 하고, 졸업 후 직장생활을 하면서도 늘 내 마음속에는 '정신 차려! 얼른 얼른! 빨리 해야 해!'라는 자체 방송이 있었다. 아르바이트를 하면서 굼뜨다고 몇 번 크게 욕먹고 나니 알아서 몸이 먼저 움직이기 시작했다. 또한 혹시라도 타인에게, 회사에 피해를 주는 일이 생길까 봐 일부러 뭐든 빨리 하려고 노력하게 되었다. 그러다 보니 어느새 동작이 꽤 빠른 사람이 되어 있었다. 천성이 느리고 게으른 것에 비해 운동신경은 퍽 좋은 편이라 어떻게든 적응을 하는 듯 보였다. 눈치가 있어서, 서두르는 연기라도 해야 한다는 잔머리를 굴린 것도 성공의 비결이었다. 그러다 어느 날 회식 자리에서 직장 상사로부터 "혜령 씨는 왜 그렇게 빨리 걸어요?"라는 질문을 들었다. 늘 느리다고 핀잔을 듣던 나로서는 웃어야 할지 울어야 할지 모를 기분이었다. 내 안에 꽁꽁 숨어 있을 미련한 곰에게 왠지 모를 안쓰러움이 느껴졌다.

일단 빠르면 점수를 따고 들어가는 '가속 사회'에 적응해가는 동안, 내 마음속에는 '느림'에 대한 간절함이 점점 커가고 있었다. 맘껏 느려져도 될 자유를 항상 갈망한다. 잠에 대한 집착만큼이나 애써 더 느려지고 싶었다. 이러한 내 마음에 맞장구를 쳐주는 사람이나, 공감해주는 책을 만날 때면 그렇게 반가울 수가 없다. 말투와 행동이 느린 어린아이를 보면 답답하기는커녕 사랑스럽기까지 하다. '그래, 아이야. 절대 세상과의 싸움에서 지지 말고 너의 느림을 꼭 고수하렴!' 하고 소리 없는 응원을 보내게 된다.

속도가 주는 스릴과 짜릿함도 인정하지만 '시간에 쫓기는 기분'만큼 불편한 마음도 없다. 잘하던 일도 누군가 초시계를 보며 재촉하면 실수를 저지르고야 만다. 비록 빠름이 인정받는 사회에 모두들 익숙한 듯이 살고 있지만, 인간이란 원래 뼛속 깊이 느림의 가치를 알고 있는 존재다. 정해진 식사 시간이 짧아서, 또는 함께 식사하는 사람의 속도를 맞추느라 허겁지겁 먹다가 심하게 체해본 사람이라면 누구나 느긋하게 먹는 기쁨을 알 것이다. 어젯밤 주문한 택배가 빨리 와주길 바라면서도, 좋아하는 사람을 만났을 때면 여유 있게 대화를 오래오래 나누고 싶지 않은가. 아름다운 곳에 가서 멋진 풍경을 보고 있노라면 시간이 느리게 흘러주기를 바라게 되지 않는가. 하지만 그 모든 느린 행위 중에, 느리게 걷기와 느리게 읽기는 단연 대체할 수 없는 즐거움을 준다.

느리게 걷기

목적지가 없는, 느릿느릿한 산책을 해보았는가. 이동을 위한 걷기가 아닌 그야말로 정처 없이 걷는 시간. 이 시간이 주는 평화로움은 경험해본 사람만이 아는 숨은 진주 같은 기쁨이다. 그 시간을 즐기는 사람은 많겠지만, 특히 이분은 더욱 그 시간을 사랑했던 것 같다. 어떤 제한도 두지 않고 한없이 도보를 즐겼다고 하니 말이다. 베르나르 올리비에, 그는 〈르 마르탱〉, 〈파리 마치〉, 〈르 피가로〉 등 프랑스의 유수한 신문과 잡지사에서 30여 년 동안 정치·경제부 기자로 일했다. 광부의 아들로 태어나 학창 시절에는 세계적인 대공황으로 학업을 중단하여 고등학교를 마치지 못했다. 대신 외판원, 항만 노동자, 토목공, 웨이터 등 궂은일을 다양하게 경험했다. 처음엔 생계를 위해서였다. 기자가 된 후에는 직업 특성상 바쁘게 시간을 빼곡하게 채웠다. 그랬기 때문일까. 61세에 기자 생활을 마치면서 그는 '인생의 세 번째 시기인 그 당시 나는 느림과 침묵에 굶주려 있었다'고 고백했다. 누구보다 숨 가쁘게 달려왔던 데에 대한 보상이 필요했을 것이다.

그러나 막상 시간적 여유가 생기자, 마음은 엄청난 공허함으로 가득 차고 우울증은 심해졌다. 은퇴 후에 함께 여행을 하자고 약속했던 아내는 먼저 세상을 떠나버렸다. 올리비에는 급기야 자살 시도를 하기에 이르렀다. 불행 중 다행으로 생을 이어가게 되었고, 그때부터 그는 걸었다. 처음엔 살아야 할 이유를 찾기 위한 도전이었으나, 이내 행복감 안에서 걷기 그 자체를 위한 도보를 이어갔다. 콤포스텔라(산티아고 순례길)를 다 걷고 나니, 한창 걷는 즐거움을 만끽하는 순간에 멈춘 기분이 들었다. 그는 인류 역사상 가장 긴 길인 실크로드를 걷기 시작했다. 터키 이스탄불에서 중국의 시안까지, 12,000km의 길고 긴 길이었다. 그는 저서를 통해 조용하고도 꾸준한 여정을 사유와 버무렸다.

인간은 걷기 위해서 태어났고, 누구나 걸을 수 있다. 세계에서 가장 오래된 이동 방법인 걷기는 모든 것과 접촉을 가능하게 한다.

          – 베르나르 올리비에, 《나는 걷는다》 중에서

서둘러 갈 때에는 절대 볼 수 없는 모든 것을 관찰하고 그들과 접촉하며 그는 세상의 더 많은 것을 만날 수 있었다. 느리게, 낯선 자연을 관찰하고 새로운 사람들을 만났다. 언어가 다른 사람들과는 의사소통이 잘 되지 않았지만 충분히 우정을 나눌 수 있었다. 그 모든 것이, 여유 없이 목적지만을 향해 가는 여행이라면 결코 얻을 수 없는 것들이리라.

느리게 읽기

느리게 걷기만큼이나 즐거운 유희가 바로 '느리게 읽기'이다. 가끔, 누구는 1년에 몇천 권을 읽었다느니, 누구는 몇 년간 읽은 책이 총 만 권에 달한다느니 하는 얘기를 접한다. 이런 이야기가 자극적인 것은 나도 빨리 많이 읽어야 할 것 같은 조급한 마음이 들기 때문이다. 한 권을 오래 붙들고 있는 나 자신이 부끄럽게 느껴지기 때문이다. 그 말에 휩쓸려 한때는 나도 한 달 동안 읽을 목표치를 정해보기도 했다. 하지만 소용없는 일이었다. 마음만 바빠졌다. 이게 시간 내에 완성해야 하는 학교 숙제와 뭐가 다른가. 그토록 아름다운 작품을 시험 지문으로 제시해놓고서 시간 내에 빠르게 요점을 파악하라고 하는 고등학교 언어영역 시험과 다를 바 없었다.

결국 얼마 가지 않아 원래 속도로 되돌아왔다. 오히려 친구들과 독서 모임을 만들어 책 한 권을 두고 몇 시간 동안 대화를 하는 시간을 가졌다. 책을 곱씹고 소화하고 일상에 스며들도록 했다.

시인 랠프 월도 에머슨의 말대로 독서 또한 창의적 행위이다. 글 쓰는 것만이 창작은 아니다. 단순히 눈으로 읽는 행위만으로 독서는 완성될 수 없기 때문이다. 웃고 감탄하고 슬퍼하는 감상뿐만이 아니라, 고민하고 질문하고 이해하는 인지적인 과정도 포함된다. 문장과 문장 사이에 새로운 생각이 생겨나고 나의 경험을 비추어보기도 하면서 비로소 새로운 작품이 생겨난다. 과연 이 모든 것이 초고속으로 이루어질 수 있는 일일까 의문스럽다. 그렇기에 책읽기만큼은 '빠른' '많은'이라는 수식어 대신에 '느리게' '꾸준한'이라는 수식어와 더 가까웠으면 좋겠다.

느리게 걷기와 느리게 읽기, 이 두 가지가 즐겁게 느껴지는 것은 물론 걷기와 독서라는 활동 자체가 즐거운 행위이기 때문이다. 하지만 느릿느릿한 태도는 그 둘을 훨씬 더 맛있게 만들어주는 최고의 양념이 분명하다. 무언가를 느리게 천천히 한다는 것은 보던 것을 제대로 보는 것이며, 그냥 말하던 것에 영혼을 넣어 말하는 것이며, 일면만 알던 것을 입체적으로 알게 되는 것이다. 모든 행위에 호흡이 들어가고 마음이 함께하는 것이다.

이렇게 생각해보자. 편하고 빠르게 알기 위해, 어떤 책과 영화에 대한 짤막한 요약문을 찾아 읽을 수 있다. 그것으로 우리는 무언가를 대강 '안다'고 할 수는 있겠지만, 직접 시간을 들여 읽고 관람할 때에 느끼는 풍요로운 감정은 느낄 수 없다. 만약 당신이 친애하는 친구에 대해서 누군가에게 설명하려고 한다. 하지만 단 한 마디밖에 허락되지 않는다면 어쩔 수 없이 몇 가지 단어로 표현해버릴 수밖에 없을 것이다. '착하고 재밌는 친구야'라고 말하건, '굉장한 친구야'라고 말하건 그 말 뒤에 놓치는 게 얼마나 많겠는가.

그래서 사람을 알아갈 때는 서두르지 않을수록 좋다. 처음엔 '비호감'이라 생각했던 사람을 오랜 시간을 두고 알아가며 좋아하게 된 일이 더러 있었다. 처음엔 경계심이 있었을 것이고 빨리 판단하고자 섣불리 편견도 가졌을 것이다. 하지만 시간을 두고 알아가다 보면 반드시 매력을 발견하게 되고 함부로 단어 몇 마디로 정의 내리지 않게 된다. '빠른 판단'은 사람을 미워하기 쉽게 만든다. 오래 두고 찬찬히 알아갈 수만 있다면 미워할 만한 사람은 많지 않다. 경계가 아니라 '이해'하게 되기 때문이다.

시간을 들여 찬찬히 알아가면 익명이었던 수많은 '너'가 특별한 존재로 변화해간다. 인터넷과 스마트폰은 우리가 원하는 것을 0.1초 만에 알려주면서 우리가 헤맬 자유를 빼앗아갔다. 방황하고 고민하는 시간을 허락하지 않는다. 도서관에서 책을 찾고 백과사전을 뒤지고 책장을 넘기는 시간은 이제 없어졌다. 요즘 아이들에게는 그 과정이 즐거움이 될 기회조차 허락되지 않는 것이다. 묻고 싶다. 즐거움 외에 다른 목적이 전혀 없을 때, 어떤 의무도 없을 때 우리는 어떻게 걷고, 어떻게 읽을 것인가? 분명 그 순수한 행위가 가능할 때 걷기와 읽기의 유희도 가능할 것이다. 무엇이어도 좋다. 느리게 바라보기, 느리게 먹기, 느리게 살기. 그 안에서, 시간에 쫓길 때는 몰랐던 즐거움을 찾을 수 있기를 진심으로 바란다.

어찌하여 느림의 즐거움은 사라져 버렸는가? 아, 어디에 있는가? 옛날의 그 한량들은? 민요들 속의 그 게으른 주인공들, 이 방앗간 저 방앗간을 어슬렁거리며 총총한 별 아래 잠자던 그 방랑객들은?

— 밀란 쿤데라, 《느림》 중에서

Chapter 5.

고요한 성장

행복으로 향하는

핏덩이 같던 갓난아기가 마침내 제 두 발로 걷게 되었을 때의 순간을 목격한 적이 있는가? 그 한 발짝의 희열. 두 손은 허공에서 어찌할 바를 모르고 금세 주저앉기 일쑤지만 그 위대한 발걸음을 목격한 사람들은 감격을 잊지 못한다. 황홀한 성장의 순간이다. 행복에 대해 논할 때도 빠지지 않는 것이 바로 이 '성장'이다. 스스로 발전하고 있음을 느낄 때 우리는 행복하다. 과거의 나보다 좀 더 나은 나를 보면 누구도 예외 없이 기쁨을 느낀다. 점점 나아지고 있다는 사실, 그것은 희망적인 느낌이고 기대하게 만들며 기분 좋게 한다. 오롯이 집중하는 몰입flow의 상태가 긍정적인 정서를 주는 것은, 발전하고 성장할 때 나타나는 것이기 때문이다. 기어 다니던 아기가 두 발로 걷게 되면 자연히 확장된 시야를 갖게 된다. 더 높은 곳에서 더 넓게 볼 수 있다. 그처럼 성장은 '더 잘 보게 되는 것'의 다른 말이다. 성장한다는 것은, 보지 못하던 것을 보게 되는 것, 더 큰 세상으로 시선을 넓혀가는 것, 나 자신을 제대로 보게 되는 것이다.

지식과 경험 사이

지식정보화사회라 불리는 21세기에 지智는 주요 성장 덕목으로 꼽힌다. 많이 아는 것이 힘이라는 생각이다. 하지만 지식을 많이 쌓아야만 성숙한 사람이 될 수 있다는 섣부른 편견은 학벌주의를 심화하고, 취업이 어려워질수록 고학력자들이 넘쳐나게 만든다. 그럼에도 우리는 잘 알고 있다. 학벌이 사람의 성숙도를 말해주는 잣대가 될 수 없음을 말이다. 지식만큼이나 중요한 것이 경험이다. 지식을 통해 채울 수 있는 게 있고, 경험을 통해 쌓을 수 있는 게 있다. 밀란 쿤데라의 소설《참을 수 없는 존재의 가벼움》에 등장하는 테레자는 경험을 통해 성장한 인물이다.

주정뱅이들에게 맥주잔을 나르고, 일요일에는 형제들의 더러운 속옷이나 빨아야 했던 어린 소녀는, 대학교에서 책을 펴고 하품을 하는 사람들은 상상도 못할 생명력을 자신의 내면에 비축하고 있었다. 테레자는 그들보다 많이 읽었고 그들보다 인생에 대해 많은 것을 알았지만, 정작 자신은 그 사실을 몰랐다.

– 밀란 쿤데라, 《참을 수 없는 존재의 가벼움》 중에서

그녀는 배움이 긴 사람은 아니지만 자신의 경험들을 생명력으로 일구었다. 응집된 에너지는 후에 그녀의 삶 안에서 발휘된다. 우연히 사진 찍는 일을 하게 되면서, 누구보다 용기 있게 삶의 현장들을 포착해낸다. 그야말로 '제대로 볼 수 있는' 재능을 발휘했던 것이다. 그녀는 많이 배우지는 못했지만 충분히 성장한 사람이었고, 그 탁월한 힘을 사진을 통해 증명할 수 있었다.

물론, 경험 또한 그저 많이 쌓기만 한다고 성숙한 사람이 되게 하지는 않는다. '나는 이런 것까지 겪어본 사람이야' '너 같은 애송이는 내 말만 들으면 돼'와 같은 태도로 타인을 대한다면 그 경험은 지혜가 될 수 없을 것이다. 삶의 지혜로 녹여내지 못하고, 타인을 가르치려 들거나 통제하는 도구로 삼는다면 그 경험은 오히려 독이다. 자신의 의견을 강요하고,

자신보다 경험이 적은 사람을 폄하하는 어른들을 우리는 '꼰 대'라고 부른다. 아마도 소중한 경험을 통해 제대로 볼 수 있는 사람이라면 타인의 세계가 나와 완전히 다를 수 있다는 것 또한 잘 알고 있을 것이다. 그렇기에 늘 타인과 나 사이에 적당한 간격을 남겨둔다. 경험을 통한 멋진 성장이 가진 힘은, 타인을 통제하는 것이 아니라 보지 못하던 것을 볼 수 있게 하는 것이다. 타인에게 독설이 아니라 꼭 필요한 손길을 적재적소의 순간에 줄 수 있는 힘이기도 하다.

그런 사람들은 대단한 모습을 하고 있지 않다. 소박한 모습으로 늘 가까이에 있다. 내가 최근에 만난 분은 수수한 아주머니의 모습을 하고 계셨다. 유난히 길었던 지난겨울, 그중에서도 매섭게 추운 날이었다. 서너 살쯤 되어 보이는 아이가 길바닥에 드러누워 징징대고 있었다. 눈물 콧물 범벅으로 안간힘을 다해 소리를 지르는 것이 그 아이에게도 그럴 만한 사연이 있었을 것이다. 훨씬 더 안타까운 것은 그 앞에 서 있는 아이 엄마였다. 거의 체념에 가까운 표정으로, 또 다른 아기를 등에 업고 있었고, 양손에는 짐이 들려 있었다. 아이는 안아달라고 농성 중인 게 분명했다. 손이 부족한 엄마는 이미 한참을 시달린 듯 보였다. 냉혹한 추위 속에서 드러누운 아이를 향해 다그쳤다 달래기를 반복하고 있었다. 나도 딱히 어쩔 도리가 없어 계속 돌아보고만 있었다. 그런데 그때 어떤 아주머니께서 나타나 슈퍼맨처럼 아이를 번쩍 들어 "버스정류장 가는 거죠?" 하며 아이 엄마를 향해 확인하더니, 성큼성큼 정류장 방향으로 가시는 게 아닌가. 아이 엄마는 뒤를 졸졸 따랐고, 금세 정류장에 도착했다. 그리고 그 아주머니는 홀연히 사라지셨다. 속이 시원하다 못해 영화의 짜릿한 엔딩을 본 것처럼 감격이 차오를 정도였다.

그 아주머니와 내가 본 광경은 같았다. 내가 '이렇게 추운데 저래서 언제 집에 갈 수 있으려나?' 하고 안타깝게만 생각할 때, 그 아주머니의 눈에는 아이 엄마의 고달픔만 보인 것이 아니라 그 순간에 자신이 할 수 있는 일까지 보였던 것이다. 물론 아이를 키워본 경험이 있다고 해서 다 그분처럼 행동하지는 않았을 것이다. 똑같은 경험을 하고서도 세상을 보는 시력이 더 좋아지는지 여부는 그 경험을 소화하는 자신의 역량에 따를 것이다.

상처 입은 사람만이 마음 다해 다른 이를 치유할 수 있다는 칼 융의 말처럼, 자신이 겪은 일들을 자원 삼아 주위에 따뜻한 힘을 발휘하는 사람들이 있다. 경제적으로 여유 있는 사람들보다 부족한 사람들이 더 많이 나누는 것도, 가난의 고통을 겪은 사람만이 그 고통을 제대로 볼 수 있기 때문일 것이다. 결국 제대로 보지 못하면, 엄청난 양의 지식도 경험도 그저 자기만족 이상의 역할을 하지 못한다.

상상계에서 상징계로

이상에서 벗어나 현실을 하나씩 마주하며 우리는 비로소 어른이 되어간다. 어렸을 때 보던 세계와, 하나씩 배우고 체험하면서 마주하는 세계는 사뭇 다르다. 그 현실은 때로는 날카롭고 냉혹하다. 따라서 '잘 보는' 어른이 된다는 것은 이상에서 현실로의 발돋움이며, 《데미안》에서 싱클레어가 그러했듯 알을 깨는 몸부림이며, 라캉의 말대로라면 상상계에서 상징계로 나아감이다.

정신의학자 자크 라캉은 자기 인식의 세 영역으로 상상계, 상징계, 실재계라는 용어를 제시했다. 상상계는 유아적인 환상으로 이루어진 세계다. '거울 단계'라는 용어로 설명하기도 하는데, 어린아이가 거울에 비친 자기 이미지를 통해 자아를 인식하기 때문이다. 세계가 자기중심적으로 돌아가기 때문에 왜곡이 일어난다. 하지만 이 세계는 허상이며, 언어를 배우고 사람들과 소통하며 점차 현실에 발을 디딘다. 상징계로의 진입이다. 언어가 통용되고, 인간관계의 법칙에 적응하는 곳이 상징계이다. 이곳은 해피엔딩이 난무하는 동화 같았던 상상계와는 달리, 불확실함으로 이루어져 있다. 선택에 대한 책임이 따르는 어른의 세계다.

상상계에서의 완벽한 자아는 허구이며, 상징계에서의 자아는 남루하고 비루할지라도 주체이다. 상상계에서 상징계로 나아감으로써 우리는 현실을 살아낼 수 있는 지혜와 성숙함을 갖출 수 있다. 상징계로 진입한 우리는 고군분투하며 어른의 삶을 살아간다. 정답이 없는 곳이기에, 불확실성을 견뎌내며 하루하루 살아간다. 때로는 초라하지만 한편으로는 진실을 대면할 줄 아는 용기가 있는 삶이다. 완벽할 수 없음을 인정하고 그렇기에 불안을 안고 가는 삶인 것이다. 상징계의 지상에 발 딛고 사는 이들은 세계와 자신을 정직하게 볼 줄 안다. 세계와 자신을 있는 그대로 왜곡 없이 보는 것이다. 진한 메이크업과 그만큼 두꺼운 페르소나로 단장한 자신이 아닌, 실제의 나를 받아들인다.

반면, 여전히 상상계를 벗어나지 못한 이들은 가면 뒤에 숨어 있기를 좋아한다. 페르소나가 곧 자신이라고 믿고 싶어

하면서. 그것은 어쩌면 현실에 대한 두려움처럼, 자신의 맨 얼굴을 드러내는 일에 대한 두려움일지 모른다. 과연 가면이 익숙한 사람이 온전한 세계를 볼 수 있을까. 콩깍지가 벗겨졌을 때 진정한 사랑이 시작되는 것처럼, 진정한 삶이 시작되는 리얼리티의 세계는 민낯의 세계일 것이다. 하지만 라캉은 상징계에 그치는 것을 원하지 않는다. 비록 언어로 의식되지 않고 해석될 수도 없지만, 즉 상징계의 세계처럼 언어로 구체화될 수는 없지만, 무의식의 힘이 발현되기를 바란다. 그 잠재력이 나타날 때 그것을 '실재계'라고 한다. 보이지 않는 정신적인 능력, 그 에너지의 영역이 실재계다. 이를 통해 타인의 욕망을 욕망하는 삶이 아닌, 나 자신으로서의 삶을 향유하길 원하는 것이다. 내 고유의 욕망에 응답하고, 잠재력을 발휘하면서 살아가는 유일무이한 삶이다.

우리가 실재계를 실현해낼 수 있다면 그것은 오롯이 자신의 세계를 확장해가는 삶일 것이다. 허구의 세계에 갇힌 삶이 아닌, 현실을 직시하되 자신의 세계를 구체화하는 것. 그것은 곧 진정한 성장이 된다.

실재계란 상상계, 상징계와 함께 인간의 정신을 구성하는 필연적인 부분이다. 우리는 쉽게 허상을 믿고 싶은 마음에 휩싸이기도 하고, 냉혹한 현실을 인식하고 그것을 받아들이기도 하며 그럼에도 불구하고 정답 없는 세상에 용기 있게 맞서기도 한다. 상징계와의 한판승부를 벌일 수 있는 이유는 상징계의 중심에 실재계라는 영역이 존재하기 때문이다.

– 김서영, 《영화로 읽는 정신분석》 중에서

사랑에 빗대면, 콩깍지가 벗겨지는 지점이 상상계에서 상징계로의 진입일 것이고, 그 현실의 사랑 안에서 서로를 치유하고 상생하게 하는 초인적인 힘이 실재계의 영역일 것이다. 하지만 각 단계로의 나아감은 그리 차분한 모습으로 나타나지 않는다. 늘 불현듯, 예기치 못한 경험으로 시작된다.

길을 잃어야 길에 이른다

내적 성장이 생의 화두였던 작가 헤르만 헤세는 그의 고민을 작품 곳곳에 녹였다. 그의 소설마다 주인공들은 각기 다른 방식으로 성장해나간다. 그런데 그들이 겪어내는 성장의 지점은 그리 세련되어 보이지 않는다. 《수레바퀴 아래서》의 한스와 《싯다르타》의 싯다르타만 보아도 그렇다.

한스는 주위 사람들의 기대를 한 몸에 받는 모범생이었다.

하지만 자신과는 전혀 다른 하일너를 만나면서 그가 지켜오던 규범들에 균열이 일어난다. 하일너는 자유로운 영혼을 가졌다. 자신이 억압하는 것들을 거리낌 없이 즐기는 하일너를 보며 한스는 내심 부러워하면서도 경계한다. 두려웠던 것이다. 자신의 안전한 세계를 깨부수기란 쉽지 않다. 그와 가까워지고 싶었지만 끝내 용기를 내지 못하고 결국 영영 헤어지게 된다. 그리고 그는 신경쇠약에 시달린다. 하일너와는 멀어져버렸지만 이미 그를 통해 자신의 삶에 의심이 들었고, 방황을 시작한 것이다. 급기야 학교를 그만두고 고향으로 돌아오며 새로운 삶에 발을 디딘다.

헤세의 또 다른 작품 《싯다르타》 속 인물인 싯다르타는 진정한 깨달음에 대한 갈증을 지닌 인물이다. 진리를 찾아 나섰던 그는 경전을 익히고 수련을 하지만 갈증이 해소되지는 않는다. 무아의 경지에 이르렀음에도 참된 깨달음에 이르지 못해 절망한다.

내가 나 자신에 대하여 아무것도 모르고 있다는 것, 싯다르타가 나에게 그토록 낯설고 생판 모르는 존재로 남아 있었다는 것, 그것은 딱 한 가지 원인에서 비롯된 것이다. 나는 나를 너무 두려워하였으며, 나는 나로부터 도망을 치고 있었던 것이다.

싯다르타가 마침내 깨달은 것은 그 누구도 아닌 자기 자신으로부터 배워야 한다는 것이었다. 위대한 스승을 닮아가려 할 수도 있고 경전을 통달할 수도 있지만, 진정한 성장은 자기 자신으로부터 나온다. 그래서 고뇌와 회의와 불안이 불가피했던 것이다. 눈여겨볼 점은 한스에게도 싯다르타에게도 그 과정이 탄탄대로는 아니었던 점이다. 우리도 마찬가지다. 계획대로 이뤄가기보다는 계획에 없던 무언가를 맞닥뜨리면서 그 안에서 아주 조금씩 커나가고 있었고 앞으로도 그럴 것이다. 그것은 자신에 대한 실망일 수도, 세계에 대한 의심일 수도 있고, 예상치 못한 만남이나 이별을 통한 아픈 감정일 수도 있다. 매끄럽고 보기 좋게 진행되는 것이 아니라 오히려 고통을 동반한다. 그 안에서 내가 모른 체하던 그림자를 마주하면서 또 다른 나와의 싸움 혹은 타협이 일어나기도 한다. 성장으로 인한 행복감을 느끼기까지는 그런 우여곡절이 어쩔 수 없이 선행하는 것이리라.

요즘은 매체에도 서점에도 자기계발 콘텐츠들이 쏟아져 나온다. 우리는 살아 있는 한 발전하는 사람이고 싶다. 적어도 어제보다 더 못난 사람이고 싶지는 않다. 그렇기에 성장은 외부로부터 강요된 것만은 아니다. 성장으로 인한 즐거움은 기꺼이 누리고 싶은 개개인의 진정한 바람이다. 중요한 것은 성장통 없이 성장할 수 없다는 것이다. 길을 잃지 않고는 길을 찾을 수 없다. 성장은 책을 읽는 것만으로는, 혹은 경험만으로는 완전하게 이룰 수 없다. 한스가 타인을 통해 자신에 대한 의심을 시작한 것처럼, 또 싯다르타가 뜨겁게 고뇌했던 것처럼 부딪히고 방황하는 시간을 통해서 시작될 것이다. 겉으로 보기에 정체되고 위축되는 시간처럼 느껴질 뿐이다.

《신곡》의 첫 문장이기도 한, '인생 중반에 이르러 길을 잃고서 어두운 숲을 헤맸다'는 단테의 말을 기억해본다. 길고 긴 여행은 그렇게 헤매는 것으로 시작된다. 그것이 아마 진정한 성숙을 향해 가는 길일 것이다. 나의 긴 여정에서도 언제든 길을 잃거나 불안과 의심을 마주할 수밖에 없겠지만 이제는 당황하지 않을 것 같다. 순탄했던 길이 어느 순간 너무나 낯설고 어지럽게 느껴질 때, 자신만만했던 길이 문득 막막하고 불확실함이 무겁게 느껴질 때, 어떻게 손을 써야 할지 전혀 감이 오지 않을 때 진정한 성장이 시작되고 있을 것이기 때문이다. 다만, 타인이 찾아주는 답에 기대지 않고 홀로 두 발을 내디뎌보기를, 감정의 격랑을 견뎌낼 용기를 잃지 않기를 바랄 뿐이다. 모든 성장이 실은 길을 잃는 것에서 시작한다는 것을 이제는 잘 알고 있으니까.

보지 못하던 것을 보게 되고, 생각하지 못했던 것을 생각하게 되는, 그 성장의 환희를 맛보는 길에서 절대 멈추지 않았으면 좋겠다. 오래전에 마침내 두 발로 걸을 수 있게 되었던 것처럼 우리는 꼭 그렇게 조금씩 나아지고 있을 것이라 믿는다.

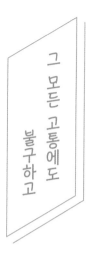

그
모든
고통에
도
불구하고

행복의 반대편에는 무엇이 있을까. 고통은 행복의 대척점으로 여겨지기 쉬운 것 중 하나다. 그래서 괴로운 일 몇 가지를 겪고 있을 때는 삶이 통째로 불행하다고 판단하는 오류를 범하기도 한다. 괴로운 감정만으로 나의 삶을 단정 짓고, 고통이 곧 불행이라고 해석한다. 정말로 고통을 주는 경험은 우리의 행복을 가로막고 있을까.

독일의 판화 예술가 케테 콜비츠. 부유한 가정환경에서 자란 그녀는 예술가이면서, 병든 사람을 무료로 진료하는 의사인 남편 칼과 함께 빈민촌에 있는 자선병원에서 사람들을 보살폈다. 또한 노동자들에 늘 관심을 가졌고 질병, 실직, 매춘 등의 사회문제를 예술로 가져왔다. 억압받는 민중의 모습을 판화로 표현하는 민중미술가였다.

어떤 슬픔은 극복할 수 있는 무언가가 아니다

그런 그녀도 시련은 피할 수 없었는데, 그 시련은 세계대전과 역사를 같이한다. 1차 세계대전이 일어난 1914년 어느 날, 둘째 아들 페터가 군에 자원하겠다고 선언한다. 죽음이 난무하는 전쟁터에 제 발로 들어가겠다는 것이다. 청천벽력 같은 소식에 콜비츠는 충격을 받았고 남편과 함께 그의 결심을 막아보려 했지만, 되돌릴 수는 없었다. 아들을 전쟁터에 내보낸 어미의 괴로운 심경은 아들에게 보낸 편지에 잘 나타난다. '아기의 탯줄을 또 한 번 끊는 심정이다. 살라고 널 낳았는데. 이제는 죽으러 가는구나!'

그리고 이십여 일 뒤인 1914년 10월 30일, 전쟁터에서 날아온 편지에는 이렇게 쓰여 있었다. '당신의 아들이 전사했습니다.' 그렇게 아들 페터를 잃었다. 이후 2차 세계대전 때에는 아끼던 손자를 잃었다. 손자가 죽기 2년 전에는 남편 칼이 죽음을 맞았다. 고통은 절대 무게를 잴 수 없는 것이지만,

가족을 잃은 고통을 누구도 가볍게 여길 수는 없을 것이다. 하물며 참척의 고통은 어떠할까. 콜비츠는 아들의 죽음 이후 오랜 시간 큰 슬픔에 잠겨 있었다. 그 내면의 처참함은 작품에 고스란히 드러난다. 본디 그녀에게 예술이란 삶과 다르지 않았기 때문이다. 시련으로 달라진 것이 있다면, 전쟁을 반대하는 일에 앞장서게 된 것이다. 반전 포스터를 제작하는가 하면, 전쟁과 죽음을 소재로 한 판화를 작업했다. 개인의 비통함을 예술로 확장하고, 세상의 다른 사람들이 자신과 같은 끔찍한 고통을 겪지 않도록 하는 데에 정성을 쏟았다.

대표적인 작품 〈부모〉에는 고개를 들지도 못하고 숨죽여 우는 아내와, 손으로 얼굴을 가린 채 괴롭게 통곡하는 남편의 모습이 표현되어 있다. 성모마리아가 숨을 거둔 예수를 안고 있는 그림이나 조각상인 '피에타'를 모티브로 한 〈죽은 아들을 안고 있는 어머니〉에서는, 경험해보지 않은 사람은 표현할 수 없을 것만 같은 처연함이 느껴진다. 작품으로 표현된 이러한 슬픔은 비슷한 경험을 한 사람들의 마음에 가닿았다. 자녀를 잃은 부모, 전쟁 중 가족을 잃은 모든 사람과 그녀는 같이 울었다.

콜비츠의 일생은 여러모로 순탄하지 않았다. 가족의 죽음뿐만 아니라, 히틀러 집권 동안 활동권을 박탈당했고, 집이 폭격을 당해 모든 것을 잃기도 했다. 그럼에도 그녀의 인생이 불행했다고 단정할 수는 없을 것 같다. 자신의 죽음을 앞두고 첫째 아들 한스와 며느리에게 전한 메시지를 보자.

> 그 고난에도 불구하고 내게 줄곧 행운을 가져다주었던 내 인생에 성호를 긋는다. 나는 내 인생을 헛되이 보내지 않았으며, 최선을 다해서 살아왔다. 이제는 내가 떠나게 내버려두렴.
>
> ─ 카테리네 크라머, 《케테 콜비츠》 중에서

예술과 사회활동이 그녀의 슬픔을 극복하게 했다고는 말할 수 없다. 아니, 그녀의 슬픔은 극복할 수 있는 무엇이 아니었을 것이다. 타인에 대한 관심이 전혀 없는 그녀였다면 고통의 무게에 눌려 가라앉아버렸을지도 모른다. 하지만 그녀에게 산다는 것이란 계속해서 예술을 하고 사회에 힘을 보태는 일이었다. 그녀의 다사다난한 삶은 오롯이 작품으로 드러났고 그것은 힘을 발휘할 수 있었다. 다른 이들의 삶에 들어갔다. 언제나 고통받는 사람들 편에 서려 했던 것은 그를 움직이게 하는 이유이기도 했다.

나는 고통받는 사람들을 대변해야 하는 책임으로부터 도피할
수 있는 어떠한 권리도 없다고 느낍니다. 사람들의 고통을 얘
기해야 하는 것이 나의 의무이며, 그 고통은 절대 끝나지 않고
산과 같이 큽니다.

— 한스 콜비츠 엮음, 《케테 콜비츠의 일기와 편지》 중에서

콜비츠는 자신의 괴로움에도 불구하고 타인의 고통을 대
변해야 한다는, 그들의 고통을 말해야 한다는 책임감을 강하
게 느낀 것으로 보인다. 어쩌면 이러한 책임감이 그녀의 삶
을 지탱하여주었고, 그 삶에 기쁨을 선물해주었을지도 모르
겠다.

고통을 다루는 방식

감당하기 힘든 고통을 마주했을 때 대처하는 방식은 크게
두 가지로 나누어볼 수 있다. 소멸과 확장이다. 만약 당면한
괴로움이 자신을 비관하는 데에서만 그친다면, 즉 자신의 삶
에서 그칠 뿐이라면 괴로움은 내면으로 파고들어 자신을 집
어삼킬지도 모른다. 고통이 안으로만 향하면 자신을 파괴한
다. 고통과 슬픔은 완전히 소멸하는 종류의 감정이 아니기

때문이다. 하지만 자신에게서 멈추지 않는다면 어떨까. 단지 넓은 창窓을 가지는 것만으로도 우리는 쓰러지지 않을 수 있다. 고통은 콜비츠의 사례처럼 타인의 삶에 힘을 발휘하기도 한다. 위로가 되기도, 긍정이 되기도 한다. 그것이 고통의 확장이며, 한 존재가 다른 존재를 받쳐주는 법이기도 하다. 케테 콜비츠의 평전을 쓴 카테리네 크라머는 콜비츠의 작품들을 보며 '음울한 주제 설정이 겉보기에 행복해 보이는 주제를 다룬 작품보다 더 많은 힘과 긍정을 담고 있을 수도 있는 것'이라고 말한다.

그렇다. 고통은 기쁨의 힘보다 더 강할 수 있다. '기쁨이 없는 사람은 시체와 같다'며 기쁨의 중요성을 잘 아는 그녀였음에도 작품에는 늘 슬픔과 고통이 적나라하게 드러났던 것은 이 때문이었을 것이다. 그녀가 예술로 표현해낸, 전쟁으로 상처 입은 영혼, 가난을 벗어날 수 없는 사람, 투쟁하는 민중은 분명 예술만을 위한 것은 아니다. 그 속의 아픔과 연민은 살아 움직이는 듯하다. 케테 콜비츠라는 예술가와 그녀의 작품이 뿜어내는 힘은 그렇게 '생'의 힘을 느끼게 해주는 것이었다. 크라머가 말한 '더 많은 힘과 긍정'이 바로 그런 의미일 테다. 콜비츠가 일련의 시련에도 불구하고 우울하고 비극적인 예술가로 남지 않았던 것, 오히려 삶의 종착지에서 '행운을 가져다준 인생'이라 말할 수 있었던 것은 자신에게만 머무르지 않았기에 가능했던 것은 아닐까. 자신의 존엄만큼이나 중한 무수한 타인의 존엄을 잘 아는 사람은 결코 비참한 결말을 맞지 않을 것이기 때문이다.

전쟁을 경험하고 자식을 잃은 콜비츠의 삶보다 더 큰 비극이 현대사회에 일어나고 있는 것은 아닌지 생각해보게 된다. 특히나 불안정성과 과열된 경쟁이 퍼져버린 요즘, 하나의 목표만을 보고 전력 질주하는 사회 분위기가 전쟁보다 더 무섭게 느껴진다. 개인적인 삶의 목표만이 너무 중요해져서 타인의 고통에 무감각해진 우리의 모습이 염려가 된다. 자신의 앞길밖에 못 보는 이런 태도는 절대로 타인에게로, 세상에게로 시선을 돌리지 못하게 한다. 내 안정만이 너무나 중요하고, 내 고통만이 세상에서 유일한 것이 되기 때문이다. 넘어지면 제 상처밖에 볼 수 없다. 바로 그것이 더 치명적인 고통이 된다. 좁은 시야는 자꾸만 사람을 작아지게 만든다. 일상에서 피할 수 없는 고통 앞에서, 무릎을 털고 일어날 회복력을 미처 준비하지 못하게 한다.

고통에 머물면 고통은 커진다

나의 경우, 이를 경험한 건 취업 준비를 하던 시기였다. 대학원 공부를 하다가 여러 가지 현실적인 이유로 직장에 들어가기로 급하게 결정을 내렸다. 아무 준비 없이 취업시장에 내던져지자, 취업만이 유일하게 중요한 일이 되었고 수많은 '광탈(서류전형부터 빛의 속도로 탈락하는 것)'을 경험하며 마음이 점점 초조해졌다. 그때 내게는 취업만이 중요한 것이었다. 경험을 쌓겠다고 급하게 잡히는 대로 인턴을 하면서 예기치 못하게 임금 체불까지 겪게 되자 삶이 나락으로 빠져드는 기분이었다. 아무것도 할 수 없을 것만 같았다. 나를 채찍질해야 한다는 생각으로 음악도 드라마도 차단했다. 감성에 빠지는 내 모습이 한심하게 느껴졌기 때문이다. 마음이 급해지고 점점 더 절박해져서 어떤 것에도 눈을 돌리지 못했다. 그러면 안 될 것 같은 기분은 나를 더욱 불안하게 만들었다. '불합격'이라는 세 글자를 세상의 종말처럼 받아들였다. 그만큼 두려움은 걷잡을 수 없이 커져버렸다.

지금 생각하니, 취업이 '전부'라는 생각에 그 밖의 모든 관심을 차단해버린 나의 태도가 나를 더 괴롭게 했던 건 아닐까 싶다. 취업 실패가 유일하고 거대한 시련처럼 느껴졌기 때문이다. 혹자는 마음의 여유가 있어야 사회문제에 관심을 가질 수 있지 않느냐고 말한다. 틀린 말은 아니다. 에너지가 없으면 주위를 돌아볼 여유조차 없다. 갑작스러운 가족의 죽음으로 식음을 전폐하는 상황에서 남들을 위해 봉사활동을 나가보라는 뜻이 결코 아니다.

현대사회가 요구하는 목표지향적인 모습, 효율을 최고로 여기는 분위기, 이것은 의도적으로 시야를 좁히고 하나만을 위한 열정을 부추김으로써 다른 모든 것에 대한 관심을 거두게 한다. 그리고 그것에 실패했을 때 내면으로 파고들어 자신을 비관하며 괴롭힌다. 결국 '이생망('이번 생은 망했다'의 줄임말)'이 된다. 일시적인 고통을 삶의 일부로 받아들여 시행착오의 밑거름으로 삼기보다, '망했다' '끝났다'로 결론짓는 것이다. 그렇게 쉽게 끝맺어버리는 삶은 당연히 불행할 수밖에 없다. 이것이 오직 자신만을 관심의 대상으로 두는 나르시시즘의 진짜 위험성이 아닐까.

삶이 불안할수록 목표지향적인 방식보다 세상에 대한 넓은 시각이 필요하다. 나의 실패만큼이나 중요한 타인의 실패와 좌절이 있음을 안다면 좀 더 자신의 삶에 너그러울 수 있다. 더 건강한 목표를 세우고 즐거운 동기로 힘을 내볼 수도 있다. 그럴 수 있다면 설령 실패를 하더라도 바로 '이생망'이라고 단정 지을 필요는 없을 것이다.

버트런드 러셀이 그의 저서에서 행복의 조건으로 '사회에 대한 폭넓은 관심'을 언급한 것도 같은 맥락이다. 그는 사춘기 때만 해도 삶을 혐오하고 지속적인 자살 충동에 시달렸다. 하지만 성인이 되어 세상사와 사람들에 주의를 기울이면서 삶을 즐길 수 있게 되었다. 나 자신에 대한 집착이 줄면서 외부 세계에 대한 관심은 더욱 커졌다. 물론, 외부의 대상에 대한 관심도 어떤 식으로든 고통을 가져다 준다. 하지만 이는 자신에게서 비롯된 고통과 달리, 삶의 본질을 파괴하지는 않는다는 것이 그의 설명이다.

이타주의라든지 공동체 마인드 같은 거창한 단어를 가져올 필요도 없다. 단지, 연못에 비친 자신의 얼굴을 보느라 들지 못했던 고개를 들어 세상을 바라보는 것만으로 충분할 것이다. 그럴 수 있을 때에 '왜 하필 나에게만 이런 시련이…'라는 질문은 '이 똑같은 아픔을 다른 사람이 겪지 않기 위해 나는 무엇을 할 수 있지?'라는 큰 질문으로 자연스럽게 나아갈 수 있다. 그리고 거기서 이전에는 없었던 각자의 새로운 삶의 동기가 마련될 것이라 믿는다.

　'이생망'을 외치는 사람들을 양산해내는 사회가 아닌, 타인의 아픔에 공감하는 사람들이 늘어나는 세상, 그런 모습이 점점 많아질수록 우리의 행복도 고통에 침해당하지 않을 수 있다. 콜비츠가 그러했던 것처럼 삶의 마지막 순간에, '그 모든 고통에도 불구하고' 행운을 가져다주었던 인생에 성호를 그을 수 있는 삶이기를.

2년 전쯤 반려견이 사고로 죽었다. 10여 년간 동고동락한 강아지였다. 그 일을 떠올리면 늘 죄책감이 섞인 슬픔을 느낀다. 가장 미안했던 것은 함께하는 동안 개가 개답게 지내도록 하지 못했다는 사실이었다. 다리가 길어 점프력이 상당했고 긴 다리만큼이나 폴짝폴짝 뛰어다니는 걸 좋아했다. 가족들은 틈이 나면 그와 산책을 하긴 했지만, 어른들의 삶이란 게 그렇듯 모두가 바빴다. 오로지 강아지만을 위한 일상을 만들기란 어려웠으므로 산책은커녕 집을 한나절 비워야 할 때도 있었다. 그때마다 그는 아무도 없는 집에서 홀로 긴 시간을 보냈다. 내내 엎드려 대문 밖 소리에 귀를 기울였을 것이고, 잠이 들 때면 꿈속에서나마 자유롭게 뛰어다녔을지도 모르겠다.

달리기를 그토록 좋아하는 강아지가 더 오래 뛰어놀 수 있게 해주지 못한 것, 좋아하는 냄새를 실컷 맡게 해주지 못한 것, 사람을 무척 좋아하는 그를 자주 혼자 두었던 것, 그러니까 '개를 개답게' 해주지 못한 게 마음에 걸렸다. 무엇보다 애초에 우리의 기쁨을 위해 데려온 생명이었다는 사실이 부끄럽고 미안했다.

태어난 대로 살지 못하는 비극

그때의 안타까움이 컸기 때문일까. 이후 많은 동물의 모습이 눈에 들어왔다. 정확히는 자신의 모습대로 살지 못하는 동물들이었다. 고래가 넓은 바다에서 자유롭게 헤엄치지 못하고 냉동생선을 받아먹으며 공연장에서 재주를 부려야 하고, 야생동물 라쿤이 홍대의 이색 카페에서 사람들의 손을 타서 스트레스로 아파하기도 한다. 더 속상한 것은 이런 일이 단지 말 못하는 동물들만의 얘기가 아니라는 것이다.

사람도 마찬가지다. 한창 뛰어놀며 웃고 떠들어야 할 아이들이 학교가 끝나기 무섭게 학원을 전전하다 어두워져서야 집에 돌아간다. 한창 자유를 만끽할 대학생들이 신입생 때부터 토익학원을 다니고, 공무원 시험 준비를 한다는 사실도 마찬가지다. 그리고 그들의 심리적 압박감이 어마어마하다는 기사를 보며 씁쓸함 이상의 연민을 느꼈다. 밥벌이를 할 수 있는 어른이 된다고 해서 제 모습대로 살 수 있는 것도 아니다. 남들만큼 살아내느라, 또는 남들 보기에 그럴듯한 모습을 갖추느라 고군분투하며 살아가고 있다. 꽤 그럴듯한 모습이지만 모두가 비슷비슷한 풍경 뒤에는 다양한 모습의 개인이 감추어져 있을 테다.

어쩌면 모든 생명체의 스트레스는 태어난 유전자대로 살지 못하는, 그러니까 개가 개답게, 돌고래가 돌고래답게, 인간이 인간답게, 내가 나답게 살지 못하는 데에서 유발된 것이 아닐까. 본능이 시키는 대로 먹고 싸고 충동적으로 살아야 한다는 뜻이 아니다. 온전한 자신이 되어, 능동적으로 자신만의 강점을 찾고 발현하며 사는 방식을 찾아야 하지 않을까 하는 것이다. 조금 더 진솔한 삶의 방식을 통해 얻을 수 있는 자유로움이 있다.

획일화된 삶의 매뉴얼을 따르면서, 또는 사람들에게 휩쓸려 자신을 잃는 지점에서부터 자신만의 생생한 기쁨도 멀어져가는지 모른다. 그 면면에는 타인의 기대를 충족하기 위해 마음 졸이고, 비난이 두려워 얼어 있고, 인정에 목말라 있는 모습이 있다. 매 순간 타인과 자신을 비교하며 우월감을 느끼거나 열등감을 느끼는 것도 마찬가지다. 제 모습대로 살아가는 방식은 타인이 알려줄 수 없다. 그리고 '나답게' 살 때의 자유로움과 그 안에서 드러나는 잠재된 재능은 자신의 힘으로 꺼내어보기 전에는 자신조차 모른다.

그렇다면 '사람이 사람답게 산다는 건 무엇이지?' '나답게 사는 건 어떤 거지?'라고 묻지 않을 수가 없다. 이런 질문은 언뜻 보면 상당히 추상적이고 철학적인 질문 같다. 하지만 대중적인 심리서에서도 이런 문제를 고민한 흔적을 찾을 수 있다. 특히 우리가 잘 알고 있는 정신분석학자 알프레드 아들러의 '개인심리학' 이론은 이 부분에 상당히 무게를 두고 있다. 개인Individual이라는 단어는 '나누다'라는 뜻을 가진 'divide' 앞에 부정not을 의미하는 접두어 'In'을 붙인 것이다. 즉, '나눌 수 없는', 더 이상 분리될 수 없는 한 개체로서의 존재를 의미한다. 타인과 구분되는 대체 불가한 존재로서의 의미를 강조하는 것으로 이해해볼 수 있다.

아들러는 나와 타인의 경계를 명확히 할 것을 강조한다. 이를 '과제의 분리'라고 표현했는데, 요점은 나와 타인의 경계를 구분하지 못하고 타인의 기대를 충족하기 위해 살아서는 안 된다는 것이다. 물론 타인이 책임져야 할 문제를 대신 선택하거나 강요하는 지나친 개입도 지적한다.

영아기에는 자아감이 발달되지 않은 상태이기 때문에, 나와 타인을 구분하지 못하고 엄마와 나를 한 몸처럼 여긴다. 누군가의 도움 없이는 살 수 없는 시기이기도 하다. 점차 자기인식이 발달하면서 타인과 구분되는 나로서의 자신을 명확히 인지하게 된다. 하지만 성인이 되어서도 자기를 타인과 구분하지 못하고 경계가 모호한 상태라면, '자신으로서' 살 수 없다. 타인의 기대를 충족하느라 자신의 욕구를 살피지 못하고, 자신의 생각과 감정 또한 민감하게 인지하지 못한다. 진정한 '개인'이 된다는 것은 타인을 위해 산다거나, 타인에 의해 살아지는 것이 아니다. 자신에게 초점을 맞추어 온전한 자아를 찾고, 내가 어떤 강점을 갖고 있는지 알아가는 것이다.

물론 남을 전혀 생각하지 않아도 좋다는 의미는 아니다. 하지만 늘 남이 어떻게 생각하는지 신경 쓰고 미움받지 않고 사랑해주길 바라기만 하며 사는 것은 불행한 삶이다. 애써 노력한 결과, 모두의 사랑을 받을 수 있을지도 모르겠다. 그러나 그건 모든 사람들 앞에서 스스로 늘 좋은 사람을 연기하는 것이나 다름없다.

– 기시미 이치로, 《아들러 심리학을 읽는 밤》 중에서

타인을 위한 가면에 익숙해지기보다, 자신의 진솔한 모습을 내보일 수 있는 용기를 택하는 것은 어떨까. 누군가에게는 미움을 받더라도 자신에게 더 정직한 자신이 되어보는 것이다. 그리고 그것은 필연적으로 타인의 눈에도 매력으로 느껴질 수밖에 없다. 생각해보라. 내 의견과 기호에 오롯이 맞춰주겠다는 사람보다 자신의 의견과 감정을 진솔하게 드러내는 사람이 편하게 느껴지지 않는가.

사랑받는 게 목적이 아니다

이렇듯 온전히 자기 자신이 되어가는 그런 사람을 일상에서도 만나곤 한다. 알고 있는 단어만으로는 그(녀)를 다 설명하기가 어렵고, 감히 그래서도 안 될 것 같은 그만의 향기를 지니고 있다. 나와 다르지만 그래서 더 이해하고 싶어진다.

그렇기에 드러나는 편안한 자유로움이 탐난다. 시간을 두고 대할수록 깊이가 느껴지기도 한다. 작위적이지 않고 자신을 변명하는 데에 시간을 허비하지 않는다. 남을 좇는 데에 에너지를 낭비하지 않으며, 열등감으로 자신을 가두지 않기 때문이다. 나와 취향이 다르지만 나 또한 자연스럽게 만들어주는 힘이 있다. 그들과 대화할 수 있는 것은 내게 큰 기쁨이 된다.

유행과 획일적인 미美에서 자유롭지 않을 것 같은 연예계에서도 간혹 그런 힘을 느끼곤 한다. 최근에 그런 방식으로 나의 시선을 끄는 사람 중에는 뮤지션이자 스타이기도 한 아이유가 있다. 이 악물고 성공해야겠다고 다짐하기도 했던 아이유는 데뷔 후 한동안은 여러 방면으로 실력을 보여주기도 하고, 남성의 판타지를 충족하는 콘셉트로 이미지 메이킹을 하는 듯했다. 하지만 점차 자신의 색깔을 만들어갔다. 자신의 음악을 즐기고 있는 게 느껴진다. 물론 상당한 인기를 얻었기에 가능한 일일지도 모르겠다. 또 자작곡을 통해 자신의 감성을 드러낼 기회를 만들어가면서 더욱 그녀는 그녀다워졌다. 특히 직접 쓴 가사에서는 자신의 고민이나 생각이 진솔하게 드러난다. 그녀만의 목소리, 그녀만의 가사는 무엇과도 대체할 수 없다. 이전에는 보이지 않았던 고유한 분위기가 느껴진다. 종종 그녀의 콘서트 영상을 찾아보는 것은 콘서트 무대가 가장 '아이유다운' 모습을 보여주는 곳이기 때문이다. 평가나 비난에서 조금은 더 자유로운 공간이기도 하거니와 무엇보다 스스로 즐기고 있는 모습을 보는 게 즐겁다.

영상을 보다 보면 나도 나만의 콘서트 무대를 즐기듯 내 시간을 채워가고 싶어진다. 늘 완벽할 수도 없고 때로는 실수도 하겠지만 그것마저도 나다움의 일부가 될 것이다. 단지 나를 보는 많은 청중만 없을 뿐이지, 이미 그런 시간은 나에게 주어져 있다. 그리고 그 모든 시간이 나에게는 '자기 자신'이 되는 과정이다. 소설가 무라카미 하루키는 '자기 자신'이 되는 것이 인생의 목적이라며, 그것은 타인의 사랑이 아닌 자신의 것으로 채워가야 한다고 말한다.

모든 사람이 저마다 자신만의 빛을 내는 숲을 상상하게 된다. 모두가 제 모습대로 피어나 자신의 진짜 본성과 삶이 조화를 이루게 되는 풍경은 그 자체로 아름다울 것이다. 그렇게 드러나는 모습에는 선악과 미추가 없으며, 존재들의 다채로운 향기가 퍼질 것 같다. 그곳에서는 타인의 기대를 채우거나 타인의 고집을 꺾는 일보다 어떻게 더 현명하게 내 목소리를 내고, 어떻게 조화를 이루면 좋을까 하는 고민이 중요해진다. 모두가 틀림없이 연결되어 있지만 그럼에도 모두가 자신일 수 있을 것이다. 그러기 위해 오늘도 나에게 질문해본다. '온전한 내가 된다는 것은 무엇이지?' '나답게 산다는 것은 어떤 모습이지?' 하고.

삶의 난이도를 게임하듯 정할 수 있다면 좋겠다. 그렇게
된다면 딱 감당할 수 있을 정도의 레벨을 설정해서 어떠한
위험에도 빠지지 않게 할 것이다. 그저 재밌게 즐길 수 있는
수준 이상으로는 절대 나아가지 않을 작정이다.

실제 삶에서 우리는 이 같은 방식을 쓰고 있다. 위험은 제
거하고, 충분히 감내할 만한 길만 선택하려 한다. 안정지향
적인 방법이다. 하지만 이 전략은 번번이 실패하고 만다. 현
실은 게임과 다르게 변수가 어마어마하게 많기 때문이다. 늘
생각지 못한 위험이 뒤통수를 치기 마련이고, 예상을 넘어서

는 크고 작은 일들이 새롭게 생겨난다. 특히나 요즘같이 사회가 조장하는 불안에 계속해서 노출되는 때에는 더욱 그렇다. 어떻게든 안정적인 길로 나아가보려고 애쓰지만, 그럴수록 더욱 곤란을 겪게 되는 것 같은 느낌은 왜일까.

행복은 불행이 없는 상태일까

모든 위험을 차단하고 두려움을 피하려는 마음의 밑바닥에는 그렇게 했을 때 우리가 행복해질 수 있다는 믿음이 있다. 걱정거리가 하나도 없는 상태가 바로 최적의 행복이라고 여긴다. 그 때문에 지금 나를 괴롭게 만드는 모든 일이 사라지기만 하면 행복한 삶이 기다리고 있을 거라고 굳게 믿는다. 그리고 그런 믿음은 현실의 고통을 더더욱 괴롭게 받아들이는 이유가 된다. 가난에서 벗어나기만 하면, 나를 짜증나게 하는 저 사람만 없어진다면, 내게 주어진 시련을 깡그리 없애버린다면 나는 충분히 만족하며 살아갈 수 있을 거라 생각하면서. 그렇기에 현재 처한 조건들을 맘껏 미워한다. 하지만 불행의 요소들을 제거해가는 방식으로는 우리가 원하는 행복에 다다르지 못한다. 그 이유는 크게 두 가지로 정리해볼 수 있다. 첫째, 우리의 능력이 위험을 모조리 없애는 데에 닿지 못하기 때문이고, 둘째, 행복한 삶이라는 게 불행이 '0'인 상태를 뜻하지 않기 때문이다.

　나의 선택들은 어느 시섬까지 지극히도 안정지향적이었다. 겁이 많은 탓에 필사적으로 다치지 않는 쪽, 아프지 않은 쪽을 선택했다. 그 방법이 잘 통했다. 하지만 안전한 테두리가 보호해주는 한에서였다. 사회생활을 시작하니 온통 가시밭투성이였다. 가시밭이라는 표현은 겁쟁이인 나의 시각에 서였을 것이다. 요즘의 뉴스를 보면 내가 경험했던 환경은 그나마도 안전했던 쪽에 속하는 것이 분명하다. 어쨌든 성인이 되고 경험하는 사회의 범위가 넓어질수록 전혀 생각지 못했던 문제들이 생겨났다. 더욱이 겉으로는 모범생의 가면을 쓰고, 늘 소심하게 행동하고 걸핏하면 움츠러들어 아무것도 하지 않으려 했던 나로서는 내공이 많이 부족했을 것이다. 그럼에도 꽤 오랫동안 두려움을 피해 가는 쪽으로 내 길을 통제해보려고 애썼다. 그중에서도 유독 민감하게 센서가 작동하는 분야는 '사람'이었다. 어렵고 불편하게 느껴지는 사람 앞에서 본능적으로 움츠러들었다. 내게 위험이 된다는, 내게 상처를 줄지도 모른다는 앞선 두려움은 순식간에 타인과 멀어지게 만들었다.

비슷한 이유에서 아예 혼자인 삶을 택한 철학자가 있다. 미국 마이애미 대학 철학과 교수인 마크 롤랜즈. 그는 사람을 두려워했다기보다는 싫어했다. 타인과의 관계에서 모호하고 불안정한 느낌에 지배받았다고 말한다. 철학을 택한 것도 사람을 싫어하는 스스로의 기질을 적절히 발전시키기 위한 것이었다. 그런 그가 도피처로 선택한 것은 늑대와의 삶이었다. 늑대개를 분양한다는 광고를 보고 찾아갔더니, 농장주는 사실 이 개가 100% 순종 늑대라고 알려준다. 그럼에도 이미 새끼 늑대에게 반해버린 그는 늑대를 집으로 데려와 '브레닌'이라고 이름을 붙여주었다. 야생동물인 늑대를 집으로 들인다는 것은 수많은 위험요소를 안고 가는 것이다. 처음부터 의도적으로 위험을 떠안으려고 한 것은 아니다. 늑대개와 함께하는 삶으로 자신을 도피시키려던 것이다. 하지만 브레닌은 집에 데려오자마자 웬만한 물건은 다 물어뜯어버렸고, 집은 엉망진창이 되었다.

점차 시간이 지나면서 그는 브레닌과 삶을 공유해나갔다. 그 과정에서 얻은 교감은 그 전에는 알 수 없었던 것이었다. 인간이 아닌 존재와 함께했기에 인간을 더 잘 이해해볼 수 있었을지도 모르겠다. 다른 동물에겐 없는 인간만의 특징에 대해 생각하고 자연스럽게 인간의 행복에 대해 고민하게 되었다. 열정적으로 토끼를 쫓는 브레닌을 보며, 늑대의 행복은 토끼를 쫓는 것임을 짐작할 수 있었다. 인간은 손에 잡히지 않는 '즐거운 감정'을 쫓는 데 반해, 늑대는 손에 잡히는 토끼를 쫓는다. 또한 브레닌은 싸움을 무척 좋아했다. 싸움을 할 때 행복해 보였다. 철학자는 그의 싸움을 항상 말릴 수밖에 없었지만, 그가 싸움을 좋아한다는 것만큼은 부정할 수 없었다.

그러면서 자신이 아마추어 권투선수였던 시절의 기억을 떠올린다. 그는 어렸을 때 실력이 꽤 괜찮은 아마추어 선수였다. 가끔 아르바이트로 시합을 나갔는데, 시합에서 이기면 50파운드를 받고 연속해서 이길수록 곱절로 돈을 받는 식이었다. 흥분하여 소리를 지르는 관중 앞에서 그는 겁에 질려 다리가 후들거렸고, 긴장감에 토할 정도였다. 그러니까 그에게 경기는 무척 두렵고 어려운 것이었다. 게다가 그는 원래 겁이 많은 사람이었다. 하지만 더 이상 도망갈 수 없는 링에 올라서서 느낀 감정은 완전히 달랐다. 링에서 상대 선수를 마주했을 때 놀라우리만큼 침착해졌다. 두려움이 사라진 것이 아니라 두려움과 함께 평온하고 긍정적인, 일종의 기쁨을 느꼈다는 것이다. 그는 그 본능적인 순간에 느겠던 복합적인 느낌을 선명하게 기억한다. 두려움과 기쁨을 분리하는 건 불가능하다고 생각했다. 오히려 두려움이 기쁨을 극대화했고, 기쁨은 두려움과 결합해 하나가 되었다고 말한다.

> 시합 내내 나는 집중력이라는 황금빛 비눗방울의 보호를 받고 있었다. 두려움은 여전했지만 평온하고 긍정적인 두려움이었다. 이와 함께 표현하기 힘든 기쁨마저 느껴졌다. 그것은 내가 잘하는 것을 할 때, 그리고 동시에 내 능력을 최대한 발휘해야 한다는 생각을 가질 때 생겨났다.
>
> — 마크 롤랜즈, 《철학자와 늑대》 중에서

두려움을 마주하는 기쁨

그가 기쁨이라고 말하는 오묘한 감정을 두 가지로 이해해볼 수 있을 것 같다. 하나는 '몰입'이다. 그가 링 위에 섰을 때는 오로지 시합 하나에만 집중할 수밖에 없고, 그 자신의 모든 에너지를 단 하나에 쏟을 준비가 되어 있다. 긍정심리학의 창시자 마틴 셀리그만은 행복한 삶에 대해 말할 때 세 가지 조건을 든다. 첫 번째는 긍정적 감정을 느끼는 즐거운 삶

Pleasant life이고, 두 번째는 훌륭한 삶Good Life, 세 번째는 행복을 지속 가능하게 하는 의미 있는 삶Meaningful life이다.

두 번째인 훌륭한 삶이 바로 몰입에 해당하는 것인데, 일이나 운동과 같은 특정 활동에의 몰입 상태를 말한다. 이것은 첫 번째인 '즐거운 삶'이 뜻하는 긍정적 감정과는 다르게 아무것도 느낄 수 없는 상태이며, 그 상황과 완전히 하나가 되어 자신을 잊어버리는 상태이다. 셀리그만은 이 몰입의 비결이, 자신의 강점을 잘 알고 그 강점을 온전히 쏟는 데 있다고 설명한다. 롤랜즈가 링 위에서 자신의 능력을 최대한 발휘해야 했을 때 '두려운 기쁨'을 느낀 것도 이 때문이다.

롤랜즈가 느낀 기쁨은 '두려움' 그 자체에 비밀이 있기도 하다. 두려움 앞에서 숨기로 한 것이 아니라 그것을 마주하기로 했을 때에 느끼는 감정이다. 이 기쁨은 우리가 단순히 맛있는 걸 먹거나, 재밌는 텔레비전 프로그램을 볼 때 느끼는 감정과 다르다. 괴로움을 통해 느끼는 일종의 가학적인 쾌감도 아니다. 이것은 두려운 상황 앞에서 '이 상황을 어떻게 모면하지? 어떻게 피해 갈 수 있지?'라고 생각할 때는 결코 느낄 수 없는 것이다. 이것은 지금의 나보다 더 큰 나로 오르는 계단 앞에서 느끼는 희열이다. 두려움을 동반하지 않고서는 얻을 수 없는 것이다.

우리는 완전히 낯선 것 앞에서 불안을 느낀다. 새로운 것, 가보지 않은 길, 한 번도 접해보지 못한 사람은 어찌 대처해야 할지 모르기 때문에 두렵다. 새로운 길 앞에 선 우리는 깜깜한 어둠 속에 있는 것과 같다. 하지만 발을 내딛기로 마음먹고 난 후라면 다르다. 더 큰 나를 만나는 흥분감을 맛볼 수 있기 때문이다. 새로운 것을 피하지 않고 경험한다는 것은 나의 전술이 하나 더 늘어나는 것과 마찬가지일 테니까.

노르웨이의 범죄스릴러 작가 요 네스뵈 또한 롤랜즈처럼 겁이 많은 사람이다. 겁이 많은 사람이 범죄스릴러 장르를 쓴다니 아이러니하다. 하지만 그는 이렇게 말한다. 자신의 두려움이 자신의 소설 쓰기의 원천이라고. 사람들이 겁나면 도망가는 쪽을 선택할 때에, 자신은 그걸 타고 오르는 것뿐이라고. 단지 소설 쓰기만이 아니라 삶의 전 영역에서 두려움은 사람을 움직이는 원동력이 된다고 그는 굳게 믿고 있었다.

이제는 어렴풋이 알 것 같다. 위험 센서가 반응할 때 움츠러들어야 하는 것이 아니라, 바로 그때가 진정한 시작이라는 것을. 위험으로부터 확장이 시작될 수 있다는 것을 말이다. 요 네스뵈처럼 두려움을 타고 오를 정도는 아니더라도, 조심스럽게 노크를 해볼 용기는 낼 수 있을 것 같다. 잽싸게 도망치기에 바빴던 어린 시절에 비하면 대단한 발전이다. 그래서 여전히 나의 최대 약점인 '사람에 민감한 센서'는, 이제 경보기가 아니라 하나의 신호가 되었다. 피하는 것이 아니라 영리하게 함께하는 법을 알아가기 위한 발판이기도 하다. 타인이 주는 상처나 슬픔, 불편감을 피하지 않고, 내가 타인을 견딜 수 있을 만큼 단단해지면 된다. 그리고 그것은 내가 모르던 낯선 이들을 알아가며 이해하지 않고서는 배울 수 없을 것이다.

수동적 안정형에서 능동적 위험형으로

우리는 대부분 방어적으로 행동하며 살게 된다. 가능한 한 안전한 쪽, 욕먹지 않는 쪽, 책임이 덜한 쪽, 손해를 보지 않는 쪽. 이 태도가 잘못된 것이라고는 전혀 생각지 않는다. 그마저 쉽지 않다는 것도 잘 알고 있다. 하지만 어김없이 나에게 닥치는 일들은 내가 상상하지 못한 일들이다. 사람의 상상력이 아무리 많은 범위를 커버한다고 해도, 삶의 짓궂은 메커니즘을 이길 수 없다. 상처가 될지 모르는 요소들을 제거하고 온실 속에 칩거한다면 개인의 기지도 딱 그만큼이 될 것이다. 그보다는 누구를 만나도 지혜롭게 대처할 수 있고, 용기 있게 나를 표현할 수 있게 된다면 어떨까. 훨씬 더 기쁘고 명랑한 마음으로 세상에 맞설 수 있지 않을까.

그렇기에 진짜로 필요한 것은 위험을 차단하는 기술이 아니라 위험을 알아가는 용기라고 감히 생각해본다. 나를 지킬 수 있는 법을 습득해가는 편이 오히려 더 안전하다. 다양한 일을 겪어보지 않고는 잔기술을 얻을 수도, 알아낼 수도 없다. 겪어보지 않은 만큼 '나'에 대해서도 무지하기 때문이다. 내가 겪어내는 만큼, 발을 담가본 위험이 다양해지는 만큼, 그 통제 불가능한 상황에서 당황하는 일도 줄어들 것이다. 확장은 불안을 내포하고 있지만, 행복의 기회도 무한하게 가지고 있다. 롤랜즈가 링 위에 서보지 않았더라면, 또 늑대와 함께 살아보지 않았다면 결코 알 수 없었던 행복처럼 말이다.

새로운 상황 속에서 다양한 나를 만나 다양한 기지를 갖출 수 있다면 상황을 조금씩 변화시킬 수도 있다. 따라서 수동적인 안정형보다는 능동적으로 위험을 만나는 쪽에 손을 들어주고 싶다. 바람이 무서워 숨어 살기보다는 정면으로 마주하면서 돛을 조절하는 법을 배워가는 것이다. 가끔은 어린 시절의 나를 만나는 기회가 허락되었으면 한다. 몸을 웅크린 채 수동적인 방어력을 고수하고 있는 나에게 롤랜즈의 지혜를 빌려, 이렇게 말해주고 싶기 때문이다. 삶의 난이도를 통제하는 건 그저 너의 진력을 제한하는 일일 뿐이라고. 네가 피하려고 하는 그 두려움이 실은 즐거움의 일부일지도 모른다고.

　나의 첫 책《불안이라는 위안》을 읽은 분들과 불안에 대해
이런저런 얘기를 나누다 보면, 연관검색어처럼 우울감에 대
한 얘기가 꼭 나온다. 불안과 우울은 언뜻 보기에 유사하게
느껴지지만 엄연히 다르다. 차이점 중 하나는 불안은 미래의
어떤 일을 앞두고 가지는 감정이고, 우울은 대체로 과거에
기반한 것이라는 점이다. 물론 시간개념만으로 다 설명할 수
는 없다. 하지만 과거에 집착하면 우울을 피하기 힘들고, 미
래에 집착하면 불안을 피하기 어려운 것은 사실이다. 불안감
이 늘상 괴롭힌다고 여겼던 나는 미래를 위험하게 생각했을

까. 내가 다 통제할 수 없는, 예측할 수 없는 것들에 대한 두려움을 크게 느꼈던 것만은 확실하다.

'현재'의 자리는 어디인가

《미래중독자》의 저자인 역사학자 다니엘 밀로는 현재의 인류, 호모사피엔스가 다른 종에 비해 취약함에도 불구하고 살아남을 수 있었던 원인을 '미래'라는 개념으로 설명한다. 아프리카 반도에 거주하던 인류는 5만8천여 년 전에 그곳을 떠나기 시작한다. 그곳을 벗어난 이유를 아직까지 정확히 확인할 수는 없다고 한다. 밀로는 인류가 '내일'이라는 개념을 떠올리게 된 것에서 그 원인을 찾은 것이다. 현재만 살던 호모사피엔스는 미래를 계획하기 시작했다. 또한 두려움에 대비하기 위해 현재를 기꺼이 포기하는 삶을 살게 되었다. 내일에 대한 막연한 기대감이 그들을 변화시킨 것이다. 그렇게 점차 옮겨 다니면서 지구 곳곳으로 퍼지게 된다.

오로지 인간만이 '미래'를 걱정하고 계획하며 산다. 미래는 인간이 만든 발명품이라는 것이 밀로의 생각이다. 하지만 잘 아는 것처럼, 미래라는 개념은 양면성을 가진다. 인류가 살아남을 수 있었던 이유가 되기도 하지만, 동시에 인류의 위기를 가져오기도 했다. 앞날을 준비하고 대비할 수 있게 된 동시에 앞날을 위해 현재를 버릴 수도 있게 되었다. 언제 와줄지 모를 행복을 위해서 오늘의 고통을 묵묵히 감내하는 현대인의 모습이 그려진다. 그렇다. 나 또한 머릿속에 미래라는 개념이 없다면 지금보다 불안이 훨씬 덜할 것이다. 아니, 불안을 전혀 모르고 살지도 모른다. 두려움을 받아들이고 함께하기로 마음먹은 것은 결국 내가 미래를 향해 가는 존재임을 뼛속 깊이 받아들였기 때문이다. 많은 사람이 이처럼 '여기에 있는' 현재가 '여기에 있지 않은' 미래를 위해 희생하는 삶을 살아가고 있다. 또 현대인의 불안이 커질수록 미래를 위해 현재의 기쁨을 버리며 사는 삶은 당연시될 것이다.

그런가 하면 현재는 과거에 의해 끌려다니기도 한다. 나는 이것을 '과거에 발목 잡힌 현재'라고 부른다. 지금, 여기가 괴롭거나 별 볼 일 없다고 생각될 때, 비교적 순탄했던 과거는 상대적으로 빛나 보인다. 지나온 과거는 돌이킬 수가 없다. 수정이 불가능하다는 특징이 더더욱 과거를 반짝거리게 한다. 닿을 수 없는 곳, 가질 수 없는 것은 늘 신비롭고 아름다워 보이는 법이니까.

오디세우스도 예외는 아니었던 듯하다. 그는 트로이 전쟁에서 승리하고 귀향하는 도중에 풍랑을 만나 표류한다. 아내와 자식이 기다리고 있는 고향을 앞에 두고도 돌아가지 못하고 칼립소와 7년을 살게 된다. 그는 자신을 사랑하는 아름다운 여신 칼립소와 오랜 시간 함께 살면서도 계속해서 귀향을 갈망했다. 결국 칼립소는 뗏목을 직접 마련해 오디세우스를 보내주어야 했고 그를 너무 사랑한 나머지 자살하고 만다. 오디세우스에게 고향에 있는 아내 페넬로페가 과거라면 칼립소는 현재의 여인이다. 밀란 쿤데라는《향수》라는 소설에서, 페넬로페의 고통을 찬양하고 칼립소의 눈물을 비웃는 아이러니를 지적한다. 페넬로페와의 시간이 칼립소와 함께했던 시간보다 절대적으로 많지도 않았을 텐데, 단지 과거라는 이유로 가치를 높게 매기는 것을 꼬집은 것이다. 7년이나 현재의 여인으로 있었음에도 그를 보내주어야 하는 칼립소의 고통은 왜 돌보지 않는가.

이처럼 우리는 과거의 추억에 젖어 현재를 폄하하는 일이 더러 있다. 지금의 삶이 고달프다고 느껴질 때는 더더욱 그렇다. 과거의 나에 비해 현재의 나는 너무너무 초라한 것만 같다. 그러나 우리가 떠날 수밖에 없는 곳이 고향이듯이, 과거 또한 그것으로부터 흘러가야만 한다. 다만, 고향 없이 현재의 내가 이곳에 있을 수 없는 것처럼, 우리가 과거로부터 만들어졌다는 사실은 바뀌지 않는다. 누구나 지난 시간들로 쌓아 올려진 현재를 산다. 내가 기억하지 못해도 과거라는 계단은 모두 현재를 향해 있었다.

내 발목을 붙잡고 쉽게 놓아주지 않는 과거의 또 다른 실체는 트라우마Trauma다. 정신적인 외상을 뜻하는 트라우마는 꼭 큰 사고나, 누구나 놀랄 만한 거대한 일에서만 생기는 것이 아니다. 오히려 타인이 별거 아니라고 생각한 사건일수록 더 크게 상처가 남는다. 이를테면 어린 시절 부모님이 맞벌이여서 학교에서 돌아올 때마다 견뎌야 했던 빈집의 공포감, 친구들 사이에서 차별받거나 소외된 기억, 피아노 연주회에서 실수하는 바람에 많은 사람 앞에서 수치스러움을 느꼈던 기억들이 그렇다. 나는 간절히 원했지만 부모님에게 거절되어 내 욕구가 무시된 경험도 마찬가지일 것이다. 그 흉터는 쉽게 아물지 않고 현재의 내 정서와 행동을 계속해서 간섭한다. 그뿐만 아니라 상처를 받은 마음을 호소했다가 뭐 그런 걸로 유난을 떠느냐는 듯한 반응 때문에 2차로 상처를 받아 회복하기 어려워진 경우도 있다.

남들이 보기엔 사소하지만 자신에겐 강렬한 경험이 그 이후의 삶에 계속해서 영향을 주는 것이다. 적극적이었던 성격을 소극적으로 바꿔버리고, 대인관계에서 계속해서 불안을 느끼게 한다. 솔직한 감정과 생각을 늘 숨기게 만들기도 한다. 이처럼 성신적 싱처들은 아물지 못한 채로 성격을 바꾸고, 감정을 지배하고, 행동을 통제한다. 이미 지나간 사건이지만 마음에서, 현재의 일상 속에서 늘 진행형이다. 이것이 과거가 현재를 지배하는 또 하나의 방식이다. 안타까운 것은, 치유할 수 있는 기회를 갖지 못하고 계속해서 자신을 괴롭히고, 타인과도 건강하게 관계 맺지 못한다는 점이다. 현재에 진행 중인 사건이 아님에도 불구하고, 회복되지 못한 아픔은 자신을 계속 피해자의 입장에서 벗어나지 못하게 한다. 그러다 보면 타인에게 지나치게 의존하거나, 반대로 의도치 않은 반응으로 타인과 멀어지게 되면서 회복할 기회를 점점 잃기도 한다.

　미화된 과거를 늘 그리워하는 사람, 또 과거의 상처에서 벗어나지 못한 사람 모두 과거에 묶여 현재를 살지 못한다는 점에서 닮았다. 현재만이 줄 수 있는 기쁨을 놓치고 있기에 안타깝다. 과거의 사건이 현재의 아픔에 대한 근거가 될 수는 있지만, 현재가 바뀌지 않으면 미래 또한 여전히 고통스러울 것이다. 어느 쪽이어도 변하지 않는 것은 우리는 현재를 살아간다는 사실이다.

현재밖에 없는 사람

앞의 경우들과 반대로 오로지 현재만 사는 사람도 있다. 어떠한 과거도 미래도 나와는 상관없다는 듯이 오로지 현재만 즐기려는 사람. 불안한 미래를 아예 보려 하지 않으며, 과거의 자신에 대한 성찰도 무의미하다고 생각한다. 마치 모든 것에서 도피하려는 듯이 그들에게는 단절된 현재만 존재한다. 이같이 문제 상황을 직면하지 않으려는 태도를 보통 타조에 빗대곤 한다. 타조는 사냥꾼에게 쫓기다가 힘이 다 빠지면 모래 속에 고개를 처박는다. 그렇게 자신의 눈을 가림으로써 위험으로부터 벗어났다고 믿는 것이다. 이는 현재를 즐기고 있다기보다는, 현실을 부정하고 자신이 처한 상황에서 도피하는 것이라 볼 수 있다. 게임이나 쇼핑, 도박으로 재산을 탕진하거나 매일 더 자극적인 놀이와 쾌락에 빠지는 모습이 그러하다. 자신을 두렵게 만드는 것들에 눈감고 귀를 닫고 사는 삶이다.

가끔 '인생은 한 번뿐'이라는 뜻의 '욜로YOLO; You Only Live

Once'를 외치는 목소리가 반갑지만은 않은 것은, 내일이 없는 것처럼 그저 내키는 대로 살라는 의미로 받아들여질까 조심스럽기 때문이다. 이 또한 미래를 염려하는 나만의 생각일 수는 있겠으나, 현재가 그 모든 시간과 이어져 있는 것은 틀림없다. 나는 '어제의 나'에게서 왔으며, '내일의 나'는 오늘과 이어져 있지 않은가. 과거와 미래에서 도망쳐서 먹고 마시고 놀고 있어도 영원한 쾌락이 될 수 없는 것은 그것이 끝이 아니기 때문이다. 삶은 계속되고, 보이는 게 전부가 될 수는 없다.

그렇기에 도망은 답이 될 수 없다. 미련과 고통으로 현재를 흘려보내는 것도 마찬가지다. 어떻게 하면 과거에도 미래에도 끌려다니지 않고, 균형 잡힌 현재를 살아갈 수 있을까.

우선, 과거는 제대로 이해할 수 있을 때에 현재의 자양분이 된다. 제대로 이해한다는 것은 거리를 유지하며 바라볼 수 있다는 것이다. 내가 경험했던 순간들을 3인칭 관찰자 시점에서 천천히 살펴보는 시간을 가지는 것이 좋다. 나 중심이 아닌, 나와 나를 둘러싼 사람들과 그곳에서 일어났던 이야기를 있는 그대로 바라보는 것이다. 그때의 감정과 내 행동을 친절히 바라보자. 왜 나는 그 시간에서 벗어나지 못하는지 묻고, 또 그 사건들로 인해서 내가 얻은 것은 무엇인지 살펴보는 것이다. 지난 시간과 마음 안의 상처를 오롯이 바라보지 못한다면, 자꾸만 그것을 불행한 현재의 나를 해명하는 증거로만 사용하려 들지도 모른다. 하지만, 과거의 시간은 결코 한쪽으로만 치우친 것이 아니다. 전적으로 좋거나 전적으로 나쁜 것일 수만은 없다. 충분히 시간을 들여 경험을 입체적으로 바라볼 수 있게 된다면, 잃은 것만큼 얻은 것 또한 찾아낼 수 있다. 슬픔만큼 기쁨의 것들을 발견할 수도 있다. 치유될 기회를 보다 적극적으로 자신에게 주는 것이다. 그 시간을 통해 현재의 나를 더 잘 이해할 수 있다면 지금을 더 자유롭게 살아낼 수 있다.

그렇다면 두 번째, 미래에 희생되지 않는 현재를 위해서는 어떻게 하면 좋을까. 원하는 것을 손에 넣기 위해 지금은 그저 버티자는 생각, 인내하고 괴로워하면 무조건 밝은 미래가 펼쳐질 것이라는 기대를 먼저 의심해봤으면 좋겠다. 미래의 행복(이라고 믿는 것)을 위해 현재를 희생했는데 그 미래가 기대만큼 행복하지 않다면? 또다시 '과거가 역시 좋았다'며, 과거를 그리워하게 될 수도 있다. 이 고민에 대한 조언을 러셀에게 구해보려고 한다.

이렇게 삶을 즐기게 된 비결은 내가 가장 갈망하는 것이 무엇인지를 알아내서 대부분은 손에 넣었고, 본질적으로 이룰 수 없는 것들에 대해서는 깨끗하게 단념했기 때문이다. 예를 들어 나는 어떤 것들에 대해 의심의 여지가 없이 명확한 지식을 얻고자 하는 욕심 따위는 단념했다.

– 버트런드 러셀, 《행복의 정복》 중에서

매우 이상적인 태도인 데다가 지나치게 단순해 보이기도 하다. 하지만 결코 쉽게 얻은 변화는 아닐 것이다. 마음먹는다고 쉽게 행동으로 옮겨지지는 않으니까. 러셀은 자기 자신의 욕망을 충분히 이해한 후 행동의 변화를 갖게 되었다. 자기 자신에 대한 이해는 무엇이 나에게 가장 중요한지를 아는 것과 같다. 내게 중요한 것을 알게 되면 덜 중요한 것이나 중요하지 않은 것에 불필요하게 시간, 돈, 에너지를 소모하지 않는다. 나는 누구인지, 내면에서 나를 움직이게 하는 욕망이 무엇인지, 앞으로의 내 삶은 어떠해야 하는지 내밀하게 성찰하지 못한다면 겉도는 기쁨만이 우리를 지배하지 않을까. 우리는 사회에 너무 익숙해져서, 자신이 진짜로 원한다고 믿는 것마저 타인에게 보이는 껍질의 일부일 수 있다. 남들이 원하는 것을 원하는 것이다. 남들이 좋게 보는 것, 그럴

듯해 보이는 것을 가져야만 한다는 생각은 자신을 기쁘게 하지 못한다. 맹목적으로 내 가면을 따라가다 보면, 결국엔 내가 아닌 내 가면만 즐거워하는 꼴이 될 것이다. 무의식까지 파고들어 진정한 자신을 볼 수 있을 때에 비로소 나를 위한 삶을, 미래의 기쁨을 쟁취할 수 있을 것이다. 또 간절히 원하는 것을 알고 얻어내는 것만큼이나 중요한 것이, 단념해야 할 것을 단념할 수 있는 자세인 듯하다. 과감한 분별을 통해 어디까지가 내가 노력해야 할 지점이고 어디부터가 욕심인지를 알고, 나아가 그것을 행동으로 옮길 수 있다면 러셀처럼 점차 삶을 즐길 수 있으리라.

마주하지 못했던 상처를 이해하고 치유하는 것, 그리고 무의식적인 열망까지 의식으로 끌어올려 충분한 나로서 살아가게 되는 것이 바로 칼 융이 말한 '개성화individuation'이기도 하다. 개성화는 나에 대한 총체적인 이해를 통해, 타인과 구분되는 유일무이한 나를 찾는 과정을 말한다. 융은 '개성화 과정은 사실상 전체적 인간의 자연발생적 실현'이라고 말하며 의식과 무의식의 통합을 통해 비로소 나 자신이 완성되어 간다고 보았다. 능동적인 개성화 작업을 거치면서 우리는 다른 사람을 좇는 삶이 아닌, 자신을 향한 삶을 살게 된다.

현재가 과거로부터 자유로울 수 없듯이 미래 또한 현재와 이어져 있다. 현재에 불만이 많고 불행한 사람이 미래의 어느 날 갑자기 행복해지기는 어렵다. 인내는 쓰고 열매는 달다지만, 그 열매가 내가 간절히 원했던 열매인지도 의심해볼 필요가 있는 것이다. 그동안은 그야말로 알 수 없는 미래인지라 막연하게 참고 노력하면 늘 좋은 것이 기다리고 있을 거라 믿어볼 뿐이었다. 하지만 사실 우리는 생각만큼 우리 자신을 잘 모르지 않는가.

그렇기에 우리, 조금 더 나의 상처와 나의 욕망을 가까이 들여다보자. 대화를 나누고 질문하고 답을 찾는 시도를 해보자. 과거는 미련이나 상처가 아닌 '이해'로써 현재를 더 가볍게 해주고, 미래는 자신의 욕망을 제대로 볼 수 있을 때에 나를 배신하지 않는다는 사실을 기억하면서.

참고문헌

단행본

《계속해보겠습니다》, 황정은 지음, 창비, 2014

《공간의 심리학》, 바바라 페어팔 지음, 서유리 옮김, 동양북스, 2017

《구본형의 신화 읽는 시간》, 구본형 지음, 와이즈베리, 2012

《그랜드 투어》, 설혜심 지음, 웅진지식하우스, 2013

《그러나 즐겁게 살고 싶다》, 무라카미 하루키 지음, 김진욱 옮김, 문학사
　상, 1996

《그리스인 조르바》, 니코스 카잔차키스 지음, 이윤기 옮김, 열린책들,
　2009

《기쁨에 접속하라》, 차드 멩 탄 지음, 유정은 옮김, 알키, 2017

《마틴 셀리그만의 긍정심리학》, 마틴 셀리그만 지음, 김인자·우문식 옮
　김, 물푸레, 2014

《나는 걷는다》, 베르나르 올리비에 지음, 임수현·고정아 옮김, 효형출
　판, 2003

《나는 무엇을 위해 살아왔는가》, 버트런드 러셀 지음, 최혁순 옮김, 문예
　출판사, 2013

《나라 없는 사람》, 커트 보네거트 지음, 김한영 옮김, 문학동네, 2007

《나이들수록 왜 시간은 빨리 흐르는가》, 다우어 드라이스마 지음, 김승
　욱 옮김, 에코리브르, 2005

《노인과 바다》, 어니스트 헤밍웨이 지음, 장경렬 옮김, 시공사, 2012

《느림》, 밀란 쿤데라 지음, 김병욱 옮김, 민음사, 2012

《니코마코스 윤리학》, 아리스토텔레스 지음, 최명관 옮김, 서광사, 1984

《도덕의 계보학》, 프리드리히 니체 지음, 홍성광 옮김, 연암서가, 2011

《마음가면》, 브레네 브라운 지음, 안진이 옮김, 더퀘스트, 2016

《먼 그대》, 서영은 외 지음, 문학사상사, 2004

《멋진 신세계》, 올더스 헉슬리 지음, 황종호 옮김, 하서, 2006

《무라카미 라디오》, 무라카미 하루키 지음, 권남희 옮김, 까치, 2001

《미래중독자》, 다니엘 S. 밀로 지음, 양영란 옮김, 추수밭, 2017

《붓다 브레인》, 릭 핸슨 · 리처드 멘디우스 지음, 장주영 · 장현갑 옮김, 불
　　광출판사, 2010

《사람풍경》, 김형경 지음, 사람풍경, 2012

《서툰 감정》, 일자 샌드 지음, 김유미 옮김, 다산3.0, 2017

《소유냐 존재냐》, 에리히 프롬 지음, 차경아 옮김, 까치, 2002

《신곡》, 단테 알리기에리 지음, 김운찬 옮김, 열린책들, 2007

《심리학의 원리1》, 윌리엄 제임스 지음, 정양은 옮김, 아카넷, 2005

《싯다르타》, 헤르만 헤세 지음, 박병덕 옮김, 민음사, 2002

《아들러 심리학을 읽는 밤》, 기시미 이치로 지음, 박재현 옮김, 살림출판
　　사, 2015

《영화로 읽는 정신분석》, 김서영 지음, 은행나무, 2007

《예감은 틀리지 않는다》, 줄리언 반스 지음, 최세희 옮김, 다산책방,
　　2012

《월든》, 헨리 데이비드 소로우 지음, 강승영 옮김, 은행나무, 2011

《웃음의 미학》, 류종영 지음, 유로서적, 2005

《유혹하는 글쓰기》, 스티븐 킹 지음, 김진준 옮김, 김영사, 2002

《이렇게 작지만 확실한 행복》, 무라카미 하루키 지음, 김진욱 옮김, 문학
사상, 2015

《인생의 일요일들》, 정혜윤 지음, 로고폴리스, 2017

《인생 수업》, 엘리자베스 퀴블러 로스·데이비드 케슬러 지음, 류시화
옮김, 이레, 2006

《일리아스》, 호메로스 지음, 유영 옮김, 범우사, 1993

《자기 앞의 생》, 에밀 아자르 지음, 용경식 옮김, 문학동네, 2003

《좋은 이별》, 김형경 지음, 푸른숲, 2009

《참을 수 없는 존재의 가벼움》, 밀란 쿤데라 지음, 이재룡 옮김, 민음사,
1990

《철학자가 달린다》, 마크 롤랜즈 지음, 강수희 옮김, 추수밭, 2013

《철학자와 늑대》, 마크 롤랜즈 지음, 강수희 옮김, 추수밭, 2012

《케테 콜비츠》, 카테리네 크라머 지음, 이순례·최영진 옮김, 실천문학
사, 2004

《타샤의 정원》, 타샤 튜더·토바 마틴 지음, 공경희 옮김, 윌북, 2006

《티벳 사자의 서》, 파드마삼바바 지음, 류시화 옮김, 정신세계사, 1995

《향수》, 밀란 쿤데라 지음, 박성창 옮김, 민음사, 2000

《행복의 건축》, 알랭 드 보통 지음, 정영목 옮김, 청미래, 2011

《행복의 정복》, 버트런드 러셀 지음, 이순희 옮김, 사회평론, 2005

《행복은 전염된다》, 니컬러스 크리스태키스·제임스 파울러 지음, 이충
호 옮김, 김영사, 2010

《5년 만에 신혼여행》, 장강명 지음, 한겨레출판, 2016

《The common reader-second series》, Virginia Woolf, The Hogarth Press, 1959

《The Diary and Letters of Käthe Kollwitz》, Edited by Hans Kollwitz, Northwestern University Press, 1955

논문

〈윤동주 시와 슬픔의 미학〉, 정은경, 한국문학이론과 비평학회, 2009

〈Toward a social psychological theory of tourism motivation: A rejoinder〉, Iso-Ahola, S. E., Annals of Travel Research, 1982

〈Induction of Depressive Affect After Prolonged Exposure to a Mildly Depressed Individual〉, M.J. Howes and others, Journal of Personality and Social Psychology, 1985

이게,
행복이 아니면
무엇이지

초판 1쇄 발행 2018년 8월 20일
초판 2쇄 발행 2018년 8월 27일

지은이 김혜령
펴낸이 권미경
기획편집 이윤주
마케팅 심지훈, 정세림
디자인 어나더페이퍼
일러스트 마담롤리나
펴낸곳 ㈜웨일북
출판등록 2015년 10월 12일 제2015-000316호
주소 서울시 마포구 월드컵북로4길 30, 202호
전화 02-322-7187 **팩스** 02-337-8187
메일 sea@whalebook.co.kr **페이스북** facebook.com/whalebooks

ⓒ 김혜령, 2018
ISBN 979-11-88248-28-5 03180

소중한 원고를 보내주세요.
좋은 저자에게서 좋은 책이 나온다는 믿음으로, 항상 진심을 다해 구하겠습니다.

「이 도서의 국립중앙도서관 출판예정도서목록(CIP)은
서지정보유통지원시스템 홈페이지(http://seoji.nl.go.kr)와
국가자료공동목록시스템(http://www.nl.go.kr/kolisnet)에서 이용하실수 있습니다.
(CIP제어번호: CIP2018024347)」